貪官腐事年年有，
民初北洋特別多

劉以芬、費行簡 著
蔡登山 主編

《民國政史拾遺》與
《民國十年官場腐敗史》合刊

劉以芬和《民國政史拾遺》

文／蔡登山

劉以芬（一八八五至一九六一），字幼衡，號荔翁，室名宋荔山房。福建閩侯（今福州）人。在晚清時曾負笈日本留學，入早稻田大學習法政，其治學之精、用功之勤，為日本學術界所推許，他獲得法政學士學位後，即行返國。與林長民（宗孟）、劉崇佑（崧生）在福州創辦私立福建法政專門學校。一九一一年四月六日舉行開學典禮，林長民為校長，學校規模畢具，設備完整，教師陣容堅強。一九一六年春，林長民在北京因公務繁忙而辭職，校董會公推劉以芬為校長。

劉以芬民國初年和湯化龍、劉崇佑、林長民等創建民主黨，後與共和黨合併為進步黨，為該黨骨幹之一。自一九一七年十一月起，先後當選北京臨時參議院議員、安福國議會眾議院議員、第一屆國會復會眾議員。當時因國會解散，乃受北京《晨報》社聘為主筆，他的評論均以真理與事實為權衡，任何利誘威脅，都不能動其毫末，確是一位堅貞不移的報人。一九二二年國會始告恢復，此本出於直系之主張，他們非真有愛於法統者，只欲藉此以遂行其舉行大選，擁護曹錕為總統之私圖。結果直系領袖曹錕以每票五千至一萬元不等的代價，收買國會議員，選出其為總統，消息傳出，舉國譁然。輿論斥責受賄議員是「豬仔議員」，國會是「豬仔國會」，史稱「曹錕賄選」。據報載：當時國會議員不投票亦不出京者，只有劉以芬、王家襄、黃元操等三人，以不懾於威武，不惑於貨財，名重一時。

一九二四年福建法政專門學校改制為私立福建大學（即後之福建學院）校董會公推劉以芬為董事長，林長民為校長。一九二五年十二月二十四日，林長民因郭松齡之役遭流彈擊中而身亡。一九二六年春，劉以芬繼任福建大學校長。對於校政悉力擘劃，擴建校舍，增加科系，充實設備，添聘教授，校務蒸蒸日上，遂成為閩省人才藪澤。直至一九四九年追隨政府來臺，一九六一年二月五日病逝臺北。

劉以芬博學多才，以親歷親見為本，「又廁議席，秉筆政有年，於政黨之離合鬥爭、國體之存亡關鍵、當局之便私毀法、武人之交哄自亡，或曾躬歷其間，或出朋儕告語，或經多方探訪，稍能洞其底蘊而明其真象。」撰成《民國政史拾遺》一書，其中有很多一手資料，而為局外人所鮮知者，彌足珍貴。可為修史者之重要參證。

二〇一二年八月十一日於北京香堂村

自序

民國締造之初，事變迭起，民無寧日，歷十餘年而未已。窮源竟委，根事實而為記載，奮直筆以定功罪，使後之人有所取鑒，誠修史者之所有事。然其中人事浩繁，或隱秘而難鉤其玄，或錯綜而莫提其要，益以世論紛紜，各阿所好，是非真偽，尤易混淆，操觚者輒引為病。余才力淺薄，不敢以馬、班自任，惟其時適旅居舊都，又廁議席，秉筆政有年，於政黨之離合鬥爭、國體之存亡關鍵、當局之便私毀法、武人之交哄自亡，或曾躬歷其間，或出朋儕告語，或經多方探訪，稍能洞其底蘊而明其真象。暇輒略按年月，拾其片鱗隻爪，為外間所未深悉者，拉雜而紀存之，並以己見加以剖析論斷，即間涉私人軼事，亦必取其直接間接與政治有關者，自民國二年訖十七年，得六萬餘言。見者多謬加贊許，謂足供修政治史者之參證，而以成書刊佈相勸勉，爰徇其意，將原稿略事修正，彙付剞劂。原名《宋荔山房隨筆》，以空洞不足以昭內容，乃改用今名，其署為上冊者，以十七年以後所收材料方在整理，謀續布也。惟自揣聞見有限，掛漏舛誤，恐所難免，尚望世之博雅君子不吝指正，幸甚！

民國四十三年一月於臺灣

目次

民國政史拾遺

民國十年官場腐敗史

民國政史拾遺

劉以芬 著

一、宋教仁一死所關

宋教仁先生為近代政治家。辛亥革命成功，先生即力主將同盟會改組為正式政黨，與各小黨合而成立國民黨。迨國會選舉，國民黨頗佔優勢，先生遨遊各省，力倡政黨內閣之說。袁世凱聞之大恐，乃購人刺殺先生於京滬車站。

先生雖為國民黨首要，然與其他政黨領袖多相友善，而與湯化龍、林長民兩氏私交尤篤。先生遭變，湯輓以聯云：「倘許我作憤激語，謂神州當與先生毅魄俱沉，號哭范巨卿，白馬素車無地赴；便降格就利害觀，何國人忍把萬里長城自壞，從容來君叔，抽刀投筆向誰言。」是聯對先生推崇備至，而於主謀刺殺先生者，詞意之間，尤深致憤懣，一時爭傳誦焉。使先生而在，定能調和各政黨間，消除偏見，共循軌道，以進入憲政之途，不幸慘遭非命，他人既無先生之風度，又乏先生之識見，致使當時國民、進步兩黨相激相蕩，演成兩敗俱傷，而政局遂不可復問矣。然則先生之死，實為國運所關，豈僅一身存亡已哉！

二、十六議席取得議長

少數黨在議場上，往往以勢單力微，不能起重大作用。然遇兩大黨對立，其彼此人數又相差不遠，少數黨以舉足輕重，竟獲得意外收穫者，亦不乏其例。民二國會選舉結果，眾議院總額為五百九十六名，國民黨占二百六十九席，共和黨次之，民主黨則除跨黨不計外，僅得十六席。共和黨知單獨不足與國民黨競爭，乃一面謀與民主黨合併，一面並商及眾院選舉議長問題。蓋共和黨知名之士，與梁啟超多有師友淵源。民主黨則由共和建設討論會與共和統一黨改組而成，以前清各省諮議局正副議長為骨幹，如湖北議長湯化龍、直隸議長孫洪伊、四川議長蒲殿俊、山西議長梁善濟、江西議長謝遠涵、福建副議長劉崇佑，皆屬其重要分子，而以湯化龍為之魁。湯與梁（啟超）本有極深關係，當共和建設討論會創立時，梁尚在日本未歸，湯特買舟往訪，傾談竟夕，對於中國一切主張，均相吻合，當時該會所發表之立國方針商榷書，即出自梁之手筆。迨民主黨成立，仍推梁為名義領袖。兩黨既有此因緣，故合併殆成必然之趨勢。至於議長問題，則當提出時，在共和黨以為必不難迎刃而解，因該黨允以副議長予民主黨，自謂條件已屬相當，詎意民主黨劉崇佑竟力持非以議長歸該黨不可。否則，寧可各行其是，因之發生波折。

劉之如此主張，不但共和黨深為駭異，即民主黨中人亦頗疑其喊價過高，難成事實，而以不妨遷就相勸者。劉謂：「諸君勿以吾儕係小黨，得一副議長於願斯足，須知愈是小黨，愈宜高瞻遠矚，善用機會，以提高政治地位，勿存小成之見，勿持必成之念，而後乃能大成。試思談判果破裂，在我固並副議長而不可得，彼共和黨亦豈有所獲耶？若大黨果願犧牲，則我小黨更何須顧惜？諸君倘礙情面怕得罪人，即以我獨任之可耳。」眾不能屈。往返蹉商，幾瀕決裂，最後共和黨不得已讓步。及眾議院選舉議長，經兩次投票，民主黨湯化龍卒當選，共和黨陳國祥繼亦當選副議長，足見當時國民、共和兩黨票數已極接近，而民主黨態度如何，實可左右全域。民主黨既得眾議院議長，勢力大增，其在合併後之進步黨中，亦占優越地位。以十六議席而能取得議長，雖曰時勢造成，而劉之堅定不移，其識見亦誠有足多也。

三、議長原來是閣員長官

民國肇建，百度更新，人民以習專制久，茫然不知共和為何事，內閣、議會為何物。豈獨蚩蚩者氓如是，即身居樞要者亦何莫不然。憶民元陸徵祥任國務總理，出席參議院報告施政方針，竟大談請客、做生日、開菜單等等，而無一語涉及政治，致全院譁然，陸卒不安於位而去，即一例證。然此猶人人共知之事，其有為外間所未知，而所貽笑尤較陸為甚者，則海軍總長劉冠雄是也。民二正式國會成立，湯化龍當選眾議院議長，劉往賀，湯肅之入，延就客坐，劉連稱不敢，湯曰：「君為客，禮應爾，何謙讓為？」劉囁嚅良久，始答謂：「總統須由國會選出，議長乃國會領袖，位與總統埒，我係總統僚屬，議長即我長官，如何敢分庭抗禮？」湯再三開解，劉終固辭，湯不得已乃任其反客為主，略坐而去。閣員而認議長為長官，真聞所未聞，如此愚暗無常識，乃令其參列政地，國事尚可問乎？不知當時大權操諸袁世凱，惟此輩始適合袁之用人標準，以其能奉命維謹，效順矢忠也。陸徵祥之被任為國務總理以此，劉冠雄之被任為海軍總長亦以此。

又有一事與劉有關係，可以附述者：當第二次革命發生，袁命劉指揮海軍，攻取寧、贛，密付以一筆巨費，及事定，余存尚數十萬金，劉繕單謁袁呈閱，袁他顧而擲還之，曰：「是區區者，汝任意支配可耳，呈我何為？」劉不知袁意何在，倉皇攜歸，商告某幕僚，某曰：「總統嘉君忠勤，以是犒獎，公何疑焉？」劉聞之大喜過望，由是益效忠於袁，即此可見袁之用劉，與劉之所以見用，全在其愚暗易受牢籠，而論者乃以無常識譏之，不亦為袁所竊笑耶？然劉固蠢材，初尚未敢明目舞弊，吞沒公款，而袁以一國元首，竟教猱升木，無怪人謂鼎革以來，人心日壞，弊端日滋，惡例怪像，層見迭出，皆自袁開之，袁真民國之第一罪人矣。

四、袁世凱大有造於岑春煊

岑春煊在前清督撫中雖尚戇直肯任事，然思想陳舊，對革命黨尤深惡。自入民國後，一部分政客利用其舊日社會地位，擁為領袖，岑亦居之不疑，且與革命黨人甚接近，其首組之國民公黨，後即與同盟會合併而為國民黨者也。蓋岑與袁世凱嫌隙至深，當庚子八國聯軍入京時，岑在西安護駕有功，深得西太后寵任，不一二年間，由布政司、督、撫而郵傳部尚書，為袁及慶親王所忌，合擠之，乃出任兩廣總督，袁、慶猶以為未足，因西太后痛恨康、梁，陰使人取岑及梁啟超影像合而複映之，以示西太后，自是岑之寵眷乃大衰，岑雖知為袁、慶所中，卒無如何也。迨袁逼清廷遜位，而自為大總統，岑極憤懣。然使袁能推誠倚畀，岑亦未必不為之用。

憶民國二年，彭壽松在閩任政務院長（為閩革命時特設之官制，位等省長），恃功專橫，閩有訾議之者，輒遣人刺殺之，雖白晝通衢弗避也。旅京閩人大憤，謁袁請申討，袁問何人可勝此任？眾以岑春煊對。袁任岑而不予兵，蓋欲藉此以難岑。岑既奉命，由滬乘兵艦入閩。閩人高而謙者，岑之舊幕賓也，與岑甚相得，時在滬，密參此事。岑行之日，同鄉急就高，探消息，見高方拊床歎息，詢其故，高曰：「西林太直，又墜項城術中矣！試問無一兵一卒供其調遣，豈將以赤手驅強暴耶？余竊為危之。」詎彭聞岑將至，日夕惶懼，強向福州商會索十萬金，挾而宵遁。蓋彭本粵中小吏，於岑督粵任內，以犯法幾為岑所殺，雖幸逃免而猶聞風膽落，故至今人尚傳

「『岑春煊』三字嚇走彭壽松」之語。

閩事既定，袁對岑終未有後命，自是岑與袁乃愈離而趨入相反路線，觀其所組政黨及所親人士皆屬反袁，即可以知其故矣。及洪憲變起，岑調和陸（榮廷）、龍（濟光）統率粵、桂健兒與滇、黔各省協力申討，卒使帝制取消，袁氏憂憤而死，岑之氣乃為吐，而名亦因而愈大，未始非袁之大有造於岑也。然岑雖終袁之世，未與北京政府發生關係，而其後在南方護法政府中，領導政學系，排擠孫中山先生，取得首席總裁，與徐世昌暗通聲氣，足見其仍熱中功名，非真能始終致力於政治奮鬥者矣。

五、袁世凱之欺人語

袁世凱嗾使軍警組織公民團威脅國會，迫使選己為總統，此為舉世共知之事實，毋庸贅言。所可一述者，則袁當時對其左右所表示之數語是。聞當公民團包圍國會之際，袁蹀躞室中，諮嗟歎息，良久，忽自語曰：「可惜！可惜！」左右莫明其意，均噤不敢聲。袁顧謂之曰：「汝等知我此時之心乎？彼公民等對我期望過殷，勸諭既難聽從，解散又拂眾意，萬一今日雙方相持不下，總統當選與否在我固無關輕重，但恐群情憤激之餘，難保無軌外行動，彼時玉石俱焚，議員中如某某諸人，皆當世奇才，因此株及，未免太覺可惜。我之所以踧踖不安者，為此故耳。」此言於總統選出後，由袁左右傳出，於是一班官僚咸以總統對於某某諸人特加青睞，而群致歆羨，即某某諸人亦以袁雖陰鷙，然尚能愛才，而對之表示相當好感，實則皆墜入袁之術中而不自覺。

蓋袁自與國民黨決裂後，尤極力要結進步黨，其所舉之某某諸人，自皆屬進步黨中重要人物。實則袁對進步黨亦非盡滿意，當總統問題發生時，梁啟超曾主張先定憲法後選總統，汪榮寶提議在憲法上加入「總統於辭職後應受刑法上之追訴」一條，皆為袁所深不喜。故一面雖對進步黨力加敷衍，一面則令其秘書長梁士詒拉攏交通系組織公民黨，以分其勢。即其利用公民團強迫選舉，表面上雖係對待國民黨，究其於進步黨亦未必十分放心，觀此可知袁並非真有愛於進步黨，更非真有愛於進步黨中之某某諸人。其所以對於左右作如斯表示者，無非以總統即已選出，後此尚有種種問題須借重進步黨，未能即出藏弓烹狗之舉，故特假之為傳遞工具，以買取進步黨對己之感情，使仍為之用，此為袁一貫欺人之巧妙手段。然虎作人語，不過欲偽飾其非獸類，乃人竟信其真似人，而甘受其愚弄，不亦惑哉？

六、袁世凱帝制運動之開始

袁世凱帝制運動，表面上雖自籌安會設立始，實則處心積慮，為時已久。當民國四年一月十八日，日本提出二十一條要求，東京留學界非常憤激，主張對日宣戰，全體即日束裝回國。時余尚在日，駐日使館某君與余交篤，密告余：「國權關係，自宜力爭，然此事政府與日本恐已早有默契，大概除留一二項為政府掩飾門面外，余將全部承認，大家但知外交可慮，以我個人推測，恐內政上或難免別有波瀾」云云。果也政府對日所提五項，只末一項未加承認，而日本並未強迫，袁氏報紙及封疆大吏反以此歌頌總統外交成功，一切俱不出某君所言。蓋其時駐日公使為陸宗輿，早已奉袁密命，與日本商妥，以此為將來承認帝制之交換條件也。至其後日本反首先提出反對，則或出於外交形勢之變遷，而袁之帝制運動，此時即已開始，殆無疑問。

七、袁世凱無如梁任公何

梁任公先生於民國三年春間即同熊希齡、汪大燮聯翩辭職，四年初由京移寓天津。時袁之左右尚思藉先生之文字為帝制張目，輒刺探其意，終覺格格不入，乃已。迨帝制聲浪愈高，先生由津入京，謁袁婉詢究竟，袁知先生之難為用也，信誓旦旦，自明決無此意。先生出，語朋輩曰：「帝禍其不免乎？項城非懦者，果非其意，寧肯任人播弄，自累盛名，且其口中愈堅決否認，即其心中愈堅決承認，我輩宜速謀自處，不可再為所欺。」此言真如揭袁之肺腑矣。先生返津未久，而美人古德諾〈共和與君主〉一文即在《亞細亞日報》發表，進而楊度等遂據此發起籌安會。先生乃草〈異哉所謂國體問題〉一文，對於帝制力加駁斥。袁聞之，遣人齎十萬金賄先生，請勿發表，被拒，翌日又增十萬金，復被拒（據先生所著《國體戰爭躬歷談》只云二十萬元，並未言明兩次，此係據先生對人所談者，極為可信），並以全稿示來人，袁卒無如何也。當時曾有滬報某名記者受袁賄，旋悔，又露反對論調，被袁遣人刺殺。語云「惟無瑕者而後可以戮人」，信哉。

八、湯濟武之豁達語

湯濟武先生於國會解散後，曾出長教育，迨帝制議起，即辭職，移居津門。袁忌之，陰派人監其行動。湯曾雇一童，年約十七八，司應門候客之職，每逢客至，彼必多方探究其來歷及與主人關係，主客攀談，又輒在旁竊聽，斥去復來，先生疑之，遂解雇，後乃知是童即袁所買以詗先生者也。先生旋離津赴滬，時各黨要人多在滬，棄嫌修好，合謀對袁，故先生滬寓客常滿，所談多關大計，為袁派所注視。先生性坦率，疏戒備，常隻身徒步街衢，有誡之者，則曰：「吾武昌革命時，所歷危險較此不啻十倍，然卒無恙，且我一身若無足重輕，則袁必不殺我，果所關大，袁殺我，將愈激國人之怒，以自促其滅亡，我死亦殊值得。」只此數語，亦足見先生之胸襟矣。然其後先生遊美歸途中，即以坦率無戒備，遇刺身死。語云「千金之子，坐不垂堂」，不其然歟？

九、反袁派長期計畫

袁世凱挾雷霆萬鈞之力，帝制自為，其心目中何嘗有反對派？即當時申罪致討者，亦自知勢力懸殊，第行其心之所安，絕不計及成敗，乃僅百日而帝制取消，又不兩月而袁氏憤死，此實始事時所萬不及料。吾嘗謂民國以來，舉國最一致、最團結、最堅決，無過於護國討袁之役，其時各黨各派畢集於一大旗幟之下，分工合作。猶憶當蔡諤等討袁軍苦戰於敘、瀘間，國中有一部分人認為此舉必非短時期所能結束，宜一面部署軍事，一面吸收純潔優秀青年，作長期革命之準備，尤以日本留學生多具愛國思想，亟宜派員前往聯繫，因舉張耀曾先生赴日主持其事，余亦受團體之命前往襄助。一時留學界聞風奮起，每日多在張寓集會，討論進行方法，惜未幾討袁功成，國中黨爭又起，此種結合亦隨而風流雲散矣。然即此足見當時各派確無分畛域，而且能痛下決心，為永遠根本之圖，即令叛國者一時未即瓦解，亦必終遭殄滅，無可倖免，殆無疑也。

十、馬廠起義與梁湯

洪憲之役，首義者為蔡諤，而暗中推動策劃者則梁任公先生也。復辟之役，首義者為段祺瑞，而暗中推動策劃者亦任公及湯濟武先生也。自民國六年六月十四日張勳以調停黎、段入京，外間即有陰謀復辟之傳言。時余在津住友人劉嵩生（崇佑）寓中，七月一日侵晨，眾方酣睡，藍君公武忽推門入，大呼曰：「帝制又復活矣！諸公尚高臥耶？」眾聞聲驚起，見藍手持黃紙一方，則復辟上諭也。俄而湯濟武至，俄而梁任公亦至，因集議應付方針，經商決即由梁、湯連袂謁段。段正因此事焦急，見梁、湯大喜，以事貴迅速，遲恐變多，遂同乘汽車赴馬廠。段甫離寓，而緹騎即至，蓋張勳知此舉必為段所反對，為先發制人計，急電津員警廳派警監視之也。段既至馬廠，即通電討逆，重要文稿悉出任公手筆。時各省督軍多取觀望態度，有衷心確表贊同者，見段電遂幡然一變。聞曹錕事前與張勳本有默契，至是乃對段電首先回應，並即日出師討逆。最可笑者，閩督李厚基於一日早晨即飭各機關改懸龍旗，並將復辟上諭謄黃張貼通衢，及接到段電，乃急行撤卸，通電反對，一日之間忽而稱臣忽而討逆，可謂極人間之無恥矣。

使當時梁、湯不往謁段，段即志決討逆，或未必即赴馬廠；段不即赴馬廠，必為張勳所拘禁，而首倡無人，各省督軍之觀望者或進而擁護，贊同者或出於積極行動，則時局將愈形糾紛。雖叛逆之舉終難成功，恐亦非短時間所能解決。然則雖曰人事，豈非天意耶？論者或疑張之敢於悍然復辟，實已陰徵段之同意，因張曾發微（五日）電，中有「芝老雖面未表示，亦未拒絕，動到京後，複派代表來商，芝老仍謂解散國會、推倒總統後，復辟一事，自亦可商量」等語，故有是推測。然使段對張事前果有如是表示，則段、張間表面上尚未露互異痕跡，何至爵賞獨不及段，更何至遽電津員警廳加以監視？即此便可知，段於此舉確未與聞，而微電實故加誣衊，以淆國人視聽也。

十一、徐樹錚排斥進步黨

進步黨與段祺瑞本有相當因緣，段與黎元洪之決裂，主因為參戰問題，而參戰即進步黨領袖梁任公先生所極力主張者也。迨討伐復辟成功，雙方關係益大增進。段在馬廠即已奉到黎令，復任國務總理，因就天津為組閣之準備，擬邀梁（啟超）長財政，湯（化龍）長內務，林（長民）長司法。其中梁、湯全出段意，林則由南方督軍推薦而得段認可者，是即世所傳進步黨三總長者也。詎段之親信徐樹錚聞之大不謂然，謁段力爭，謂：「我輩衝鋒陷陣，始奏膚功，結果乃為幾個文人造機會，恐必有憤慨不平者，乞稍加慎重，勿為他人利用。」段不為動，且力誡其勿得多事。徐因往見梁，謂：「先生文章道德，海內同欽，若肯長內務，我輩極表贊成，至濟武則遠非公比，只可主持教育，藉資熟手（湯在袁世凱時代曾任教長），內務任重，恐非所宜。」梁笑答：「我輩翊贊合肥削平叛逆，本意只在保全國體，豈敢絲毫有所希冀？雖承合肥盛意相邀，仍決辭謝。況組閣權在合肥，君既非銜命而來，更何得私相擬定？」徐乃爽然而去。

徐去後，梁、湯連袂謁段（時林長民尚在南方未來），堅辭入閣。段曰：「此必是又錚（樹錚號）從中作祟。」因就電話呼徐嚴斥之，且曰：「如任公、濟武不肯入閣，汝此後不必來見我。」梁、湯見段意如此，不便再言，只得允加考慮。然段、徐關係，人所共知，徐性尤倔強，凡有主張，不達不止，雖一時段意甚決，無可如何，而事後必多方離間，使雙方情感，漸趨扡格。梁、湯亦知其然，故仍主卻就，惟以茲事非僅個人進退問題，不能不徵求京、津黨員意見。詎大多數黨員均力持反對，意謂政黨目的本在取得政權，以推行其政策，今段閣雖非政黨內閣，然重要之部多屬諸我，是明係以本黨為主幹，若猶不肯參加，則後此更安有參加之機會？況本黨向主誘導現勢力，使進循憲政軌道，藉以確立政治中心，維持社會秩序，今若輩既推誠相與，而我乃拒之於千里之外，豈不違反向來主張？所言亦不無理由，商議結果，乃決定加入。

七月十五日，梁、湯隨段入京，十七日段閣全體閣員遂發表。平心而論，梁、湯確均非熱中者流，只因迫於事勢，為維持團體計，明知其難於有成，而不得不忍痛犧牲，足見為領袖者，有時實有不可告人之隱，而政黨缺乏穩固基礎與堅強力量，徒欲依人成事，其效果如何，尤不難窺見矣。

十二、進步黨失敗原因

梁、湯、林入閣，為進步黨最盛時期，同時亦即其失敗開始時期。蓋前此因有國民黨對峙，不但以對外苦鬥促成內部團結，即與相接近之現勢力，亦以有正面敵人存在，雖對之未必完全信任，終不能不相當敷衍，恐操之過切，難保不激而與敵人攜手，但觀袁世凱在正式總統選舉前，固曾使其秘書長梁士詒出而組織公民黨，然終不敢對於進步黨議員公然加以離間或誘惑，即可以知其故矣。

自段祺瑞討逆成功，再出組閣，認為中華民國法統已因張勳復辟而中斷，遂不恢復舊國會，主張照第一次革命先例，召集臨時參議院，重定國會組織法及選舉法後，再行召集新國會。

於是國民黨在議會中之勢力，為之一掃無遺，而實力派所患乃不在正面敵人，轉在於向之與相接近者。蓋徐樹錚對梁、湯銜恨甚深，日思乘隙而動，段於梁、湯始固倚畀甚殷，然彼兩人亦自有其懷抱，非能如一般官僚惟命是聽，因之彼此關係亦漸與從前不同。聞當召集臨時參議院時，本由進步黨開列名單，以內務部名義密電各省照辦；乃段派聞之，大不謂然，認為如此則所選出者將盡為進步黨員，後此政府一舉一動，難免悉受其挾制，是去一國民黨不啻又來一國民黨。因由徐（樹錚）將此意向段陳述，段無明確表示。徐窺知段意已動，乃另行列單，或用己名，或假用段名，分電各省將內務部前電推翻。然此輩平日既無組織，一時殊難得許多人選，故單中所列仍以進步黨員居大多數，不過所謂進步黨員，均已由段派許以相當條件，令其脫離本黨而加入新黨，即所謂安福系是也。在梁、湯當時入閣，本係徇黨員多數之意，冒險一試，豈知一行登臺，轉使內部發生觖望，予徐等以可乘之機，事前方以臨時參議院可以全權在握，某也議長，某也秘書長，均已內定有人，結果乃大出意外，經此一番變動，而黨勢遂大受影響矣。

語曰：「無敵國外患者國恒亡。」又曰：「然後知生於憂患而死於安樂也。」向使國民黨尚在議會，梁、湯等不加入段閣，則進步黨或尚不至失敗至是，此亦足見兩黨相反相成之道，而主黨者有時固不必急急於取得政權也。

十三、研究系之來龍去脈

研究系一詞，係由憲法研究會而來，而憲法研究會則為進步黨人所組織，所以所謂研究系其實即是進步黨。然何以不曰進步黨，而又曰研究系耶？蓋自袁死黎繼，國會恢復，憲法會議繼續重開，進步黨人鑒於數年來形勢之變遷，對於憲法主張，與前此微有出入。如從前本主張兩院制，此時則力持修改憲草而採用一院制，即其一證。外此尚有若干問題，亦認為有須共同研討者，此猶係對內而言；至對外亦欲避免黨爭之名，而表示其專致力於制憲工作，於是有憲法研究會之設。會既以研憲為名，則其組織自以黨中領袖及有制憲權之國會議員為主體，同時在議場上與其他黨派辯論爭持皆屬該會中人，世因錫其名曰研究系。

自有此一名詞出，慣用既久，外間遂但知有研究系，而不復知有進步黨。且用此名詞時，語意間往往不僅指派系而言，而若別涵有一種意義，因進步黨本以穩健見稱，其言動較之其他黨派自較和緩沉著，不易揣測。益以其所取政略每與現勢力相結托，於是政治上凡有一次波動，反對黨必坐以暗中策動，用為宣傳。平心而論，事實上並不盡如此，甚至該黨自命為光明磊落之舉，而人亦疑其別有作用。當民國二年十月間，袁世凱漸露不利國會之企圖，該黨劉崇佑、李國珍、藍公武等出而聯合國民黨一部分議員組織一民憲黨，其意無非欲結合國會中優秀分子，與惡勢力相奮鬥。其後袁死、舊國會復活，該黨倡不黨主義，則又因政黨久已為人詬病，欲以此促各方覺悟，使各以國事為重，勿復過持黨見，引起無謂糾紛，其用心均不無可取，而反對者仍不免以惡意相猜。

總之，進步黨既被目為長於陰謀，其所組織之憲法研究會，則更視為合陰謀之尤者而結為一體，研究系一詞，遂又隱含有陰謀集團之意味矣。該系不但在國會存在期間，甚為世人所注目，即至國會消滅，各派系多已瓦解，而言政治者，仍以當日進步黨之一二重要人物視為研究系中心，以其個人之交際目為研究系之活動，個人往來之朋輩目為研究系新吸收之分子。羅文幹因奧款事件被誣入獄，劉崇佑為之辯護獲雪，遂謂羅為研究系；胡適因羅關係，常偕訪劉，一時並有胡亦加入研究系之傳說，其他類此者甚多。尤可笑者，北京《晨報》原為進步黨人所辦，其副刊多收名流文稿，凡常為該刊撰文者，其人亦皆研究系矣。實則此時該系業經風流雲散，毫無作用，執此一端，足見我國人遇事多缺認識，而捕風捉影之談中人甚深也。

十四、新國會選舉醜劇

安福系既利用其所包辦之臨時參議院，制定國會組織法暨選舉法而公佈之，遂進一步而包辦新國會之選舉。其辦法計分兩種：其一，由徐樹錚假段（祺瑞）權威，分電各省區長官，令照所開議員候選人名單，設法選出，同時並囑中央要人之隸各省籍者，令電各該省有力人士，從旁協助。其二，對於研究系之忠實分子而曾任舊國會議員者，則另開一單，密令各省區特別注意，不許選出。

原來在臨時參議院議定國會議員選舉法時，研究系與安福系最大之岐見，即在研究系主張參議員應照舊選舉法規定由省議會選出，而安福系則主張須改由地方各團體選出。蓋研究系於各省省議會尚有相當基礎，且議會究與其他團體不同，不易為政府所操縱，認為必如此始於己有利，而安福系則反是也。惟研究系在臨時參議院中席數極為微少，此種主張自無通過希望，因此該系變更計畫，不以之作為提案，僅由該系一二議員發表一意見書，以喚起各方之注意而已。安福系對於研究系議員素持一種策略，能買收則買收之，認為萬不可能，則極力排斥之，於發表意見書者，經視為敵黨不可動搖之分子，其人之姓名，遂首列在不許選出之名單上矣。

惟研究系究視安福系為較有組織，在地方上亦自有其選舉地盤，論勢非安福系所能敵，各省區長官雖奉命干涉選舉，其事尚係初試，難免於略含羞怯，且為自身立場計，亦不欲過事壓迫，致惹起輿論攻擊。研究系窺破此點，遂宣稱此次本無意競選，惟因安福系公然擠斥，迫使其不得不起而對抗，主持選政者果恃權勢在手，倒行逆施，惟有訴諸法律，即不勝，尚可將其違法證據明白公佈，以待世人之判斷。此本不過一種虛聲恫喝，而各省區長官中有竟引為顧慮，一變態度，而與該系謀妥協者，其辦法則某選舉區初選人果多數堅決擁護研究系，仍聽其自由選舉，惟若一選舉區中研究系票數，可以選出二人以上之議員時，該系亦只能選得一人，而應以其所餘之票數讓歸安福系，此外尚有一主要條件，即研究系選出之議員，於國會選舉總統時應投徐世昌票。因此之故，選舉結果，研究系在新國會中，尚勉強占得二十餘席。此固屬一幕醜劇，然亦足見當時似虎如狼之軍閥（當時各省省長多由督軍兼任）對於選舉舞弄之玄妙，尚未窺見堂奧，故終不敢罔顧一切，為所欲為也。

十五、另一曹錕賄選案

世但知民國十二年之曹錕賄選案，而不知民國七年尚有一曹錕賄選案；但知曹錕之大總統賄選案，而不知曹錕尚有一副總統賄選案。蓋當新國會召集時，馮國璋繼任總統之任期適已屆滿（袁世凱於民國二年就任正式總統，法定期限五年，袁死黎繼，黎去馮繼，至七年十月適滿期），自應改選。安福系本擬舉段，因係繼馮之後，恐引起直系不快，且段本人亦不願捨去實權，而取得徒擁虛名之總統。故幾經研討之後，乃以畀諸徐世昌，以徐與北洋派關係甚深，平日於直、皖之間尚無所偏倚，又係文人，舉任總統，既可平直系之心，而於己系亦無力能加牽掣也。至副總統一席，更屬虛位，決以與直系第二位之曹錕，以表示己之寬洪大量，並藉以離間馮、曹，使不至聯為一氣，多生阻力，此固屬該案之如意算盤。

詎選會開後，徐之總統，以各系均表贊同，果獲順利選出，而曹之副總統則波折橫生。蓋當時新國會中，安福系雖占絕對多數，然以選副總統則仍非獨力所能成，研究系自不肯與之合作，此外交通系亦占百數十席，果肯全部參加，固可湊足人數，無如該系分為新、舊兩派，新交通系以曹汝霖為領袖，自唯安福系之馬首是瞻；舊交通系以梁士詒為領袖，梁與徐樹錚惡感極深，又忌曹（汝霖）之後來居上，因而對安福系力持反對態度。其實研究系與舊交通系均非有甚不滿於曹錕，只以不甘令安福系如願相償，故必加以破壞。其表面理由，則以南北雖暫時分立，然閱牆之爭，終宜言歸於好，今總統既屬北人，自應以副總統留畀南方，庶於將來議和時，較有迴旋餘地，若一併舉出，不啻閉和平之門，使南北長此相持，殊非國家之福。其言頗為正大，安福系苦無以難之，而舊交通、研究兩系又要約甚堅，連日多在梁寓集議。安福系迫不獲已，乃遣該系中人之與兩系議員相稔者，向之極力疏通，並允每人賄送五百元，但求出席選會，至於票選何人，悉聽自便。但區區之數，究不足以歆動兩系議員之心，而曹錕之副總統遂終告難產矣。當時以行賄範圍甚狹（僅與舊交通、研究兩系議員接洽），數額又不大，且悉被拒絕，有行方而無受方，故外間知者甚少，而其事則鑿鑿有據。兩次賄選，後先相映，咸集於曹錕一身，亦近代政治史上之一極饒趣味資料也。

十六、鄭孝胥拒入段閣

鄭孝胥自鼎革後，匿跡滬上，以文字自娛，一若與政治絕緣者，實則別有懷抱，故作此態以欺人耳，聞段祺瑞曾一度電招其入閣長交通，蓋段派志在借用日債，以私擴兵力，而鄭亦夙主利用外資者，前清末葉之川粵漢鐵道借款，雖出自盛宣懷，鄭實暗中策動之也。外傳有人問鄭中國將何以強，鄭曰：「只兩字便足。」問是何兩字，曰：「借款。」問借款何以能強，曰：「外國以款借我，則彼窮而我富，人窮我富，安得不強？」此雖傳者過甚其詞，然鄭素持借款救國論，則確為事實。段、鄭主張根本上既相吻合，而其時為段執行此項政策之曹汝霖、陸宗輿輩，又為國人所極力抨擊，故欲利用鄭之名士頭銜，繼承此任，冀以一新耳目。

詎意鄭之覆電只寥寥數字，曰：「家有小事，弗克應召。」不應召可也，不應召而以有小事為理由，可謂滑稽之極。段得電自極失望，而時人則以此高鄭，謂其能審出處而不熱中功名，實則鄭之熱中，較他人為尤甚，其壯歲曾有句云「三十不官寧有道」，此以視岳武穆之「三十功名塵與土」，其胸襟相去何啻天壤，不過鄭之所歆慕者為前清之巡撫、總督、尚書、軍機大臣，而非民國之督軍、省長、部長、國務總理耳。鄭於清末累加升擢，至雲南布政司，自謂可由此扶搖直上，詎料清室推翻，鄭之功名亦隨而斷送，而其所主張之鐵道國有政策更為輿論所集矢，故極痛恨民國，尤痛恨袁世凱，曾有句云：「已坐虛名人欲殺，遂成遺老世應忘。」又云：「寡婦孤兒原易取，中原萬里遂凋殘。受恩累世成何語，卻笑留侯說報韓。」其牢騷不平及不滿袁氏之情，昭然若揭。

鄭既以遺老自居，而又不以留侯之棄韓事漢為然，自不肯出仕民國，且須進一步，謀所以報韓（清）之策。處心積慮，圖復清室，以滿足其攫取功名之欲望，終至為目的不擇手段，出賣幼主，在日人卵翼之下作傀儡皇帝，而自任內閣總理，以此與陳寶琛意見不合。及陳死，鄭輓以詩，其首句即云「弢庵（陳號）功名士」，其意蓋謂陳不過一功名之士，而己則乃心故君，力謀興復，並非為一身功名計，藉以自欺欺人耳。結果己既不終於位，抑鬱而死，且使溥儀一劫於日，再虜於俄，是鄭非僅民國之罪人，抑亦清室之罪人矣。

十七、進步黨與段祺瑞之凶終

進步黨自創黨以來，其所取政策，即係與現有勢力相結合，意欲乘機而指導之、改造之，使成為我國之中堅力量，以求安定一時之社會秩序，並徐圖發展。故彼之所謂結合，亦有其一定限度，與一味附和者不同，苟一旦越此限度，則彼即不能不顧及自己之立場而立與離異。但觀該黨第一期與袁世凱結合，然一見袁欲帝制自為，背叛民國，則毅然起而反對；第二期與段祺瑞結合，然一見段之濫用日債，倒行逆施，則決然不肯苟同，便可以知其態度矣。

當時外間謂進步黨尚有為有不為，若其他黨派則且有無所不為者，的是平情之論。該黨與段結合，自對德問題發生始，至馬廠誓師，愈益融洽無間，段之力邀梁（啟超）、湯（化龍）等入閣，且畀以重要之財、內兩部，即為推誠相與之表示。然以此招段左右之嫉忌，故入閣以後，雙方感情乃日趨疏隔，蓋段一人之信心，究不敵環繞其側者之日肆浸潤之譖、膚受之訴也。選舉本應歸內務部主持，而新國會選舉乃全由徐樹錚等暗中操縱，內湯幾不能過問；借款本應由財政部主管，而對日借款乃由曹汝霖（交長）輩祕密辦理，財梁幾不得與聞。名為閣員，實則等於虛位，選舉猶在其次，而借款則關係國脈，勢不能無言，言而不聽，勢不得不求去。若輩乃更藉此而指為有意拆臺，段亦深信不疑，於是此一方則惡意慰留，而強使之分謗，而彼一方則力表不與合作，以求外間諒解。計梁、湯等自六年七月十七日入閣，至十一月二十二日隨同段氏去職，表面若相終始，而精神則早已分離矣。

段去職僅數月，於翌年三月二十三日再度出組內閣，仍繼續其借款政策，其時進步黨則以在野地位，力加反對。該黨在北京辦有兩種報紙，一曰《國民公報》，一曰《晨報》。《晨報》總編輯時適由余擔任，此兩報對於段閣借款消息，時有披露，彼輩早視若眼中釘，密謀取締，而又恐法律上或欠根據，招輿論攻擊，致畫虎不成，轉貽笑柄。時朱深為段閣司法總長，在安福系中群目為法律家，力主無慮，謀定矣，只待機發動。我輩已探知之，對於登載亦特加慎重，一夕某通訊社發表政府將以高、徐、順、濟鐵路抵押日本借款二千萬消息，《晨報》得之，以此種珍貴資料，萬不能棄而不錄，但為避免責任起見，乃直敘據某通訊消息云云，末亦不加按語，以為如此必不至發生問題。時余每夕均宿社中，翌晨方睡未起，社丁呼醒，謂外有員警數人，欲見總編輯，余出見，彼問汝是否負責人？余曰是，並出名刺示之，彼遂同警廳通電話，商良久，竟置余不顧而將社中會計梁某逮去，經兩日始保出，旋將全案移地方法院偵查，擱置月餘，處分不起訴，報亦復刊。同時《國民公報》亦以登載此項消息，同一辦理，然查北京各報，登者並不止此兩家，則固無恙也。此雖不過一小小風波，亦足見段派對於該黨之如何敵視矣。

聞段於梁、湯、林（長民）三人中，與湯感情最惡，蓋梁為學者，林近政客，惟湯則黨之意識特強，故段派嫉之亦特甚。其後湯遊美歸途中被刺身死，段並不派人致唁，追悼之日，不蒞吊、不送輓章，一若生前之已絕交然者。始則膠漆，終則水火，以利害相結合者，利害相反即反顏若仇敵，觀於進步黨與段之結局，真不禁感慨系之！

十八、馮國璋失敗原因

馮（國璋）段（祺瑞）執政時代，府、院之間，明爭暗鬥，至為劇烈，為世人所盡知。其實兩人之積不相能，由來已久，並不自此時始也。當革命軍佔領武漢，馮率師南下，奪回漢陽，清廷大加賞賚，賜以爵位。正在躊躇滿志之際，袁（世凱）恐其圖功心切，不明己意所在，驟破南北均勢，乃將其召回而以段代之，馮雖不敢言，心實怏怏。其後段第一次聯合將校四十餘名，電請內閣代奏，主張維持君憲，反對共和，以威嚇民黨，第二次又聯合將校發出通電，主張立采共和政體奠定大局，以威嚇清廷。旋乾轉坤，悉由段發動，馮反寂寞無聞，其對段深懷嫉忌，自不待言。及袁任元首後，馮雖出膺疆寄，然較之段久在中樞，主持軍政，仍不免有相形見絀之勢。洪憲變起，馮、段均取淡漠態度，最大原因，即在於兩人均以袁之繼承人自命，帝制果成，則將來不傳賢而傳子，彼等將永無繼位之望，故均不以袁之所為為然也。

袁既失敗，取消帝制，仍欲保持總統地位，先思借重段氏，令其出組內閣，段則要求其完全交出軍權以挾之，次則轉以謀之馮，馮召集未獨立各省開會議於南京，有人說馮謂：「君若助袁，袁敗，君亦隨而俱僕，若能持嚴正態度，使袁退黎繼，則所遺副總統一席，國會必舉君以相酬。」馮為之動（馮本意尚欲各省擁己為總統，見勢不能，乃求其次），於會議時果不為袁張目，而袁技以窮。可見在袁未死前，兩人已各作打算，各自佈置，以爭此一遺產，兩雄相爭，即不能不出於相厄，勢使然也。

馮、段既素不融洽，且利害相反，兼以府、院爭權，袁、黎已然，馮、段自更不能例外。袁擁有軍權，而又知利用國會中之接近於己者以為之助，故能始終獨攬大權，黎則有國會中比較多數之議員為後盾，而無軍權，馮則雖有軍權，而全無國會為之支持，故同歸於敗。人第知廢舊國會、召集新國會為段所主張，而不知馮之為此主張尤早於段。當袁取消帝制，馮在南京，曾先後發出兩電，第一電提出和平辦法八條，意主另組新國會，俟新國會開會後，袁向新國會辭職，再由國會另選繼任總統，此電係僅徵求未獨立各省意見。第二電中更有參酌國會組織法及選舉法，嚴定資格，慎防流弊，速籌開國會等語，此電則係遍徵各省同意者。後雖以反袁派反對而止，而馮對於國會之態度已可概見，所以其後段主法統中斷之說，馮處元首地位，並未嘗稍持異議。馮之副總統，本為舊國會所選舉，乃亦主廢棄舊國會，已為失策；而對於新國會又太無佈置，致其選舉全為安福系所操縱。迨新國會召集，馮繼黎之總統任期適已屆滿，勢除拱手讓人外，自屬一籌莫展。

向使馮稍加注意，當時直系尚有相當地盤，在國會自亦可得相當人數，再能與反段之研究系及舊交通系密相連繫，未始不足在選場中一決勝負。乃只知宣導和平，指使己系督軍、將領反戰，以折段之台，而不計及己之任期迫屆，武器一失，如何與人爭衡？最終雖與段同時下野，稍解憤恨，然段一面則擁有所謂參戰軍，一面則握有所謂新國會，隱然居於太上內閣地位，而馮則悄悄引去，從此與政治絕緣，豈非失敗之甚耶？馮素以狡猾見稱，與段剛愎性格迥不相侔，此次乃墜入段派術中而不之覺，此亦足見武人思想究屬簡單，不能瞭解政治戰之作用，而當時馮幕府之無人才，亦不難於此窺見矣。

十九、徐世昌操縱時局

徐世昌與北洋系關係甚深，其地位僅亞於袁世凱。當前清末葉，徐即已任東三省總督，官階遠超馮（國璋）、段（祺瑞）上，故不特彼二人不敢與徐抗顏行，即袁對之亦極禮下，但觀袁稱帝時有所謂「嵩山四友」，徐居其一，即可窺見。徐既有此憑藉，其心目中只有一袁氏，袁死便不作第二人想。然彼究係文人，無軍權在手，不能不讓馮、段先著祖鞭。洪憲變後，徐蟄居故鄉，一若忘情政治，實則無日不在沉機觀變，冀乘時崛起，以償其多年之夙願也。

憶當黎、段交惡時，黎曾派兩專使往邀徐入京，名為調解，意實欲免段職，而求徐為之助。所派二人中，其一為余友某君（姑諱其名），與黎雖有舊，而素不慊黎之所為，因恐徐墜入漩渦，且於段有所不利，乃避同行者之耳目，於夜靜時就火車中，取寸紙疾書數語搏為丸，晤時密以授徐，徐遂託辭婉謝。據某君告余，當時彼此神授意會，絲毫不著痕跡。即此足見徐之機警，及其對於時局之如何留意矣。徐既以此見好於段，其後馮、段齟齬，徐居間執言，又能不涉偏頗，散終造成馮、段同時下野擁徐出山之局。

在段派之擁徐，原欲徐取其名而段握其實。然以徐之地位及性格，又豈甘為傀儡？故一登元首寶座，即與舊交通系密相聯繫，對研究系亦取友好態度，並月助黨費，此兩系皆反段者也。安福系欲舉曹錕為副總統，彼則陰令舊交通系聯合研究系以反對之；安福系主用武力，彼則令錢

（能訓）內閣極力宣導和平，皆與段派政策顯然相反。惟於段派所視若生命之參戰借款及編練參戰軍，則置之不問，俾遂其大欲，不至以其他問題與己為難。對於直系，雖以反對曹錕當選副總統，而稍招其不滿，然其和平政策，則夙為直系所主張。其後段派驕橫益甚，吳佩孚由衡陽撤兵北上，曹錕組織八省聯盟，徐非不知直、皖戰機已迫，而故作癡聾，及張作霖入京謁晤，見奉、直聯合勢成，乃下令免去徐樹錚西北籌邊使及邊防軍總司令職，將邊防軍改由陸軍部直轄，旋以段由團河入京力主興兵討伐曹、吳，乃又下令將曹錕革職留任，免吳佩孚第三師長職並褫奪勳位，無非表示其本心初不偏袒，將來無論勝負誰屬，彼皆有迴旋餘地。結果段敗去職，而徐仍無恙不受影響。

皖系既倒，奉系代興，徐之應付直、奉，一如其應付直、皖然。徐之總統本為安福國會所選出，安福亡，彼之地位自亦時在飄搖之中，故亟欲乘此機會，將安福國會明令廢止，依據元年公佈之國會組織法及選舉法召集新國會（即世所謂「新新國會」）。一方既可表示其尊重法統，一方又可使本身地位由不合法而變成合法。但此非得直、奉兩系支持，及現局不生變動，決難圓滿實現，於是以陝督予直系之閻相文，以東三省巡閱使兼蒙疆經略使予張作霖，使之各滿所欲，以求一時安定。不幸新新國會不能引起各方注意，致各省議員多未能如期選出，而直、奉均勢之局，又因王占元在鄂失敗、由吳佩孚繼任兩湖巡閱使而破壞。同時中央方面奉系所推薦之梁士詒內閣，復大受鄂吳攻擊，幾經醞釀，終演成直奉戰爭。徐之運命，本寄託於兩系矛盾及均勢之上，惟矛盾而已乃便於操縱，惟均勢乃無人敢於發難，經此一戰，遂由兩雄相爭變成一系獨霸，前此謀副總統而未遂之曹錕，今則野心勃勃，欲進而取得大總統地位。於是因孫傳芳一電而舊國會恢復、黎元洪復起，雖以權術自命之徐世昌，至此亦不得不技窮而去矣。

二十、皖系何以失敗

吳佩孚以一第三師師長，轉戰湘省，所向無前，大有不可一世之概，久思乘機與皖系一決雌雄。適張作霖因徐樹錚勢力侵入蒙疆，與己利害衝突，大為不滿，於是直、奉兩系遂聯合以圖皖。以二敵一，勢若稍優。然段祺瑞自參戰借款成立以來，組織所謂參戰軍，後改邊防軍，又改定國軍，其器械皆來自日本，軍隊亦由日本軍官教練，合以原有實力，聲威實遠在直、奉聯軍上。故戰端甫啟，輿情雖咸望皖敗直勝，但軍事觀察家則深以難操勝算，為直、奉危。乃前後不及五日（九月十四日開戰，十八日即告結束），皖軍一敗塗地，直、奉軍如迅霆震槁，直搗京畿，大出常人意料之外。

余嘗以此中原因，詢諸接近段派某君，據云：當時皖方實輕直而忌奉，故其軍事佈置，重東路而忽西路，東路與奉對峙，由徐樹錚指揮之；西路與直對峙，由段芝貴指揮之，而定國軍精銳則悉萃於東，西無良焉。方戰之初，皖軍在東路大捷，由廊房推進，幾薄楊村，而西路段芝貴尚在其督戰之火車中，叉麻雀、抽大煙，若未嘗有戰事然者。時梁鴻志方任芝貴秘書長，手徐（樹錚）捷書就煙榻促請速戰，藉收夾擊效，乃始下令前進。而直吳因彈缺不肯浪費，收集石油廢箱萬餘隻，中置爆竹，萬響齊發不絕，皖軍誤為槍聲，駭而奔，一退至固始，再退至京郊，兩軍始終未嘗一交綏也。西路既慘敗，東路大受威脅，徐方在前線督師逐北，聞訊倉皇撤退，奉軍乘之，皖幾潰不成軍。聞有大炮一尊、彈一百二十四顆，新購自日本，威力至大，亦委諸途，為奉軍所鹵獲。當徐捷報抵京時，安福首要交相稱慶，以為戰局旦夕可定，從此當莫餘毒，不意直軍忽從天而降，乃始驚皇失措，投止無門。京師員警總監吳炳湘奉吳令嚴緝諸凶，本可按圖索驥，一網打盡，以其素與段派親，特故稽延，予以逃逸機會，以故李思浩、曾毓雋、姚震、梁鴻志諸人均得托庇東交民巷，免作階下囚。經此一役，而根深蒂固之皖系勢力，殆掃地無遺矣。

使某君之言果信，則皖系致敗，約有數端：主將不得人，一也；兵力分配太失均衡，二也；既不知己，又不知彼，三也。而其最大原因，厥在民心之離異。有人謂，民國以來每有戰爭，皆兵精械良者敗，而兵劣械窳者勝，辛亥之舉、洪憲之役、直皖之戰，均其明證。故以純軍事眼光推斷我國戰爭之勝負，未有不適得其反者。余以為此特一偏之見，而未得其全者也。蓋握軍事優勢者，大抵在政治上皆擁重權，其平日措施率多違反民意，怨讟繁興，親眾離叛，民心失，兵心亦深受影響，其取敗也固宜。然則其勝之也，非真劣能勝優也，民心勝之耳。當時民心背段向吳，至為明顯，即此一端，勝負已判。得民者昌，失民者亡，自古已然，至今仍成為政治、軍事之原則，固未可視為老生常談也。

二十一、湯化龍與劉崇佑

凡一政黨所以能由艱難締造以至於發展滋大者，全賴有少數中堅同心一德，致力黨務，絕無絲毫權利私見攙雜其間。而其最大關鍵，尤在有共同目的為之維繫。其結合也以此，其奮鬥也以此，即其辯論爭持不亦外乎此，故能團結無間，永久持續。若自號為中堅者本無一定目的，徒欲藉團體為攘權奪利之手段，則必至始合終離，甚或毀紀叛道，貽人笑柄，此則治民國政黨史者，所宜深切注意者也。

湯濟武（化龍）先生領袖進步黨，在政治上奮鬥歷十餘年，雖所蘄求之憲政迄未實現，終於齎志而歿。然洪憲、復辟兩役，統率全黨，聲罪致討，保全共和，功在邦國，其在議會與國民黨對峙，旗鼓相當，亦頗能樹立兩大政黨風範，此雖由先生主持有方，而中堅諸人之相與戮力，實為成就之一大原因。蓋先生組黨之基礎，早確立於清末之諮議局聯合會，時各省諮議局正副議長均集京師，先生以湖北諮議局議長出席該會，與山西議長梁伯強（善濟）、四川議長蒲伯英（殿俊）、直隸議長孫伯蘭（洪伊）、福建副議長劉嵩生（崇佑）諸先生，均以促進憲政為職志，結契甚深。入民國後，組共和建設討論會，組民主黨，進而與共和黨合併為進步黨，咸奉先生為魁，而諸人則皆其中堅也。

先生於諸人中與劉嵩生先生尤莫逆，不特為政治之友，而且屬道義之交。劉思想極縝密，終日乃心黨務，嘗謂吾人既置身政黨，宜念茲在茲，釋茲在茲，集中精力，以赴事機，庶能有所成就。否則，不但負黨而且負己。居恒寡出而喜人就談，酒饌常供，故每夕同人多集其家，談國際形勢，談國內政局，談本黨計畫，輒至夜分始散。然性切直，同人行為有不檢者，恒面糾不少貸，於湯先生責備尤嚴。先生好作方城遊，每避不使知，一夕方入局，適劉有電話來，先生恐招其往也，令僕人詭以外出對，劉知之。翌日先生往訪，拒不見，又往，又不見，終至再三謝過乃已。先生嘗對人言，嵩生真吾畏友，使吾對黨事不敢稍懈者，嵩生功也，其相契如此。每黨中有大事，先生非就商之不能決，而劉每一主張，必持之甚堅，眾當時雖苦其顓，事後則多服其遠見。

劉在黨中發言必爭先，權利輒退後，進步黨兩度參加政權，眾咸推其出山，均被拒。第一次湯先生任教育部長、次長為梁善濟先生，第二次湯先生任內務部長、次長為蒲伯英先生，皆劉所推舉，黨中翕服無異言，以其無私也。領袖及中堅間能互信、互諒、互讓若此，宜乎一時黨務蒸蒸日上。惟孫伯蘭先生為北方人，遇事主大刀闊斧，不以同人之細針密縷為然，乃宣告脫離，而自組「韜園」，即世所稱「小孫派」是。然其態度亦極光明磊落，且彼此私交維繫如故，此足見前輩之道德風度，非晚近所能及矣。惜其後湯先生於遊美歸途中被狙身死，嵩生先生以激刺過深，灰心政治，未幾伯強、伯英諸先生又相繼殂謝。十餘年來，所謂進步黨中堅分子零落殆盡，而此一政治團體，終不能不隨政局劇變而澌滅無形。追懷往事，橫睇近局，真不禁感慨系之！

二十二、湯濟武先生之被刺

自研究系被反對黨謚為陰謀派，於是湯濟武先生遂儼然成為陰謀之魁。在不識先生者，其想像中，必疑之為深沉陰鷙，機詐百出，實則先生和易近人，時時顯露書生本色，絕非如外間所云者。先生對黨素主由政治結合，進為道義結合，故每接晤黨員，輒以修德、勵學相助。嘗於夜闌人靜，與三五同志，縱論古今中外成敗得失之林，慨然謂：「吾終日奔走國事、黨事，極感疲勞，惟此時始稍稍還我自由，轉覺樂趣盎然，精神彌王。」憶當赴美前數夕，先生與嵩生及余談政治學問題，先生素服膺日本浮田和民博士，時博士方主早稻田大學政治學講座，兼《太陽》雜誌主筆，著有政治學及西洋史等書，先生亟稱其議論平正通達，具有特識，足藥目下論政者虛矯險僻之病，談至夜分尚娓娓不倦，此則真一書生矣。

先生每值翌日有演說，輒於臨睡時，取常讀書數冊置枕畔，略事翻閱，即入黑甜。至登壇，則滔滔不竭，言皆有物，聽者莫不滿意。居恒健談，然遇有臭味不相投者，輒嘿不作一語，或昏昏欲睡。性不善宗教，當任教育總長時，馬相伯老人往謁，商教會學校問題，陳說良久，方訝主人何以不置一詞，視之則熟寐座上矣。此固有失待人接物之道，然其純任天真，毫無緣飾，亦可藉窺一斑。夙持儒家素行之說，謂政治本是艱苦生涯，若不能隨遇而安，一事未成，先圖享樂，豈足有為？故平日於起居吃著，均不措意。曾與嵩生因黨事乘輪南下，至則艙位已滿，而事又不能緩，乃商之船員，借木板支為床，各據其一，嵩生尚鋪自攜被褥其上，正輾轉反側，苦難成寐，視先生則和衣而臥，鼾聲作矣。船中餐無殊草具，嵩生幾無可下箸，先生狼吞虎嚥，甘之如飴。嵩生嘗戲謂濟武實至今未脫野蠻生活，先生一笑置之。

先生小事或糊塗，大事則極有分際，與袁、段均曾一度攜手，方其合也，不即不離，及其去也，不隨不激，始終處之裕如，不貽拖泥帶水之誚。於國民黨，雖有見仁見智之不同，然一遇國家安危所繫，立即釋嫌言好，戮力同心，真不失大政治家風度。綜觀先生生平，與其謂為陰謀家，毋寧謂為本書生氣，尚較適當。然天下歪曲之宣傳往往勝於事實，感情之判斷往往超乎理智，致當時無論國民黨與非國民黨，殆均視先生為陰謀魁傑，而先生後來之慘遭非命，或即種因乎此。

先生畢業日本法政大學，時作觀政歐美之想，自參加段閣下野，在國內政治活動一時既暫呈靜止，而國際大戰告終，一切方在劇變，允宜乘此時機親往觀察以資參考。乃決取道日本，赴美一遊，本約余偕行，余以牽於他務，未能遠離，遂改約霍君儷白，實則霍君較余為適，以其嫻英語也。先生既抵美，舉凡彼邦政制、思潮、社會組織、政黨形勢、工商業情形，罔不悉心考察，撮要紀存，以備他日返國，編輯成書，藉資國人考鏡。未幾得黨中電促歸，歸經西雅圖，是處華僑商會開會歡迎，會散，眾請乘汽車行，先生以寓所密邇，屏不禦，與諸人且行且談，不十數步，至經最狹處，突一人迎面來，槍舉彈發，先生應聲仆地氣絕，兇手亦自誅。其行刺原因何在？由於自動，抑或有人主使？以無口供可鞫，終成疑案。第知兇手業理髮，隸某黨黨籍，以先生平生只有政敵，無私仇，則此案與政治當不無關係，豈反對者過於重視先生（即所謂陰謀之魁），故必欲殺之以為快耶？先生噩耗抵京，全黨震悼，尤以余辜先生盛意，未獲偕行稍盡將護之責，至今猶時覺疚心。先生歸骨後，同人搜其行篋，得殘稿一束，皆在美考察時所隨錄者，以不忍任其湮沒，囑余將文字略加修正，交由北京《晨報》發表，然實不能儘先生所欲言者於萬一也。憶先生輓宋教仁先生有「何國人忍把萬里長城自壞」句，乃相隔不十年，先生竟繼宋先生之後，而自成為被壞之長城。「人之云亡，邦國殄瘁」，民國以來，無論何方，均不悟相反相成之理，不互相尊重人才，轉互相摧毀人才，此我國所以不振也，悲夫！

二十三、黎元洪與法統問題

自民國三年袁世凱解散國會，廢棄約法，而頒佈所謂新約法，法統問題已啟先聲。至六年段祺瑞改選國會以後，更演成南北相持之局。惜當時言法者，或以急於成功而不力求貫徹，或以便於私圖而非誠意擁護，以致黎元洪地位幾與法統問題，成為不可分離之關係，斯亦至可怪者也。討袁之舉，其志不但在保全共和，而且在恢復約法。黎元洪以民國副總統，竟甘受任由新約法產生之參政院議長，其後各團體帝制請願書則由該院轉呈，選舉國民代表辦法則由該院議定，國體投票推定皇帝時則該院為代表，而該院本身之推戴書且由黎領銜，以法律論，袁為帝制之主犯，黎亦宜列為重要之幫助犯。袁既以此喪失總統資格，則黎之副總統資格，豈能獨存？乃當日討袁軍對黎，不但不一併聲討，而且以滇、黔、粵、桂四督及蔡（鍔）、戴（戡）、李（烈鈞）、陳（炳焜）等代表護國軍政府發佈第二號宣言謂：「大總統既已缺位，依民國二年十月所公佈之總統選舉法第五條，由黎副總統繼任。」而袁於撤銷帝制欲向南方謀和時，曾商黎出管將軍府，黎竟宣言：「除約法上之副總統外，無論何職，皆不承認。」一若不自知其附袁罪行，而尚靦然以約法上地位自居者。黎固不足責，而當時南方不乏高明之士，何亦竟不明是非、不顧法律若此？若謂黎之附袁，係由於脅迫而非出其本衷，然以堂堂一副總統，尚昧於捨生取義之道，辱身失節，更何足以以代表國家？聞其時南方要人，亦未嘗不考慮及此，第因總統問題為各方利害所關，若另行選舉，勢必引起劇烈競爭，而影響及內部之團結，故不得不利用黎為緩衝，藉免一時紛糾，此則以法律遷就事實，非言法所宜爾也。

黎出任總統之根據，中間尚有新舊約法之爭，而主用舊法者終於占勝。一方擁護舊約法，一方則使在舊約法上已經喪失資格之副總統，冒竊大位，豈非護法運動之一大玷？黎就任總統後未及一年，因府、院之爭而引起督軍團獨立，因督軍團獨立而引起張勳北上，因張勳北上而引起其以解散國會為入京調停條件。黎既身為解散國會之罪人，則亦即民國之罪人，依法應喪失總統資格，乃於張勳復辟之後，竟儼然以大總統令特任段祺瑞為國務總理，同時電請馮國璋依照約法代行大總統職權，固仍以元首自居也。無論馮、段欣然接受，未嘗研究其授與來源之如何？即當日南方忠告段祺瑞電中，亦只對段嚴加責備，對黎則並無一語糾繩，其曰：「要求宣戰之不已，以至毆擊議員；毆擊議員之不已，以至解散國會；解散國會之不已，以至復建偽清。本為一人保固權位，以召滔天之禍，足下獎成此患，豈得不為追究？」則似以段為解散國會之禍首，而黎轉可不問，又曰：「總理一職，既無同意，亦無副署，實為非法任命，果出黃陂手諭與否？亦未可知。」則似果屬黎諭，猶為可說，吾不知其何以對黎若是其恕耶？

今姑置此不論，黎致馮電，本但請其代行大總統職權，迨段入京，黎由東交民巷回居私宅，又通電宣告此後不再與聞政事，推馮副總統繼任大總統。既曰繼任，依法黎當再無復位之日，乃其後直系一戰勝皖，再戰勝奉，由孫傳芳一電，而黎又復位。按孫電略謂：「南北統一之破裂，既以法律問題為厲階；統一之歸束，即當以恢復法統為捷徑。應請黎黃陂復位，召集六年舊國會，速制憲法，共選副座」云云。推孫氏之意，似非黎氏復位及恢復舊國會，不足以言恢復法統，而不知黎實為解散國會之罪人，黎果應復位則國會即不應恢復，國會果應恢復則黎即不應復位，今乃以黎復位與恢復國會並舉，持此以解決法統問題，豈非滑稽之甚？蓋當時直系並非有愛於黎，亦非毫無法律知識，其所以出此者，實因亟欲選舉曹錕為總統，故不得不假黎與國會為橋樑已耳。其作用雖與討袁軍不同，至其假法律以為便宜之計，則前後如出一轍。民國十餘年來，每一次護法，皆為毀法干紀之黎元洪造機會，真令人為之三太息也。

二十四、雙十節就職之三總統

民國以來，有三總統於國慶日就職，曰袁世凱、曰徐世昌、曰曹錕。袁為叛國罪人，其心目中不知有民國，更何知所謂國慶？而所以必擇是日就任總統者，蓋以國慶，各國使節例必進賀，果是日兼舉行第一任總統就任典禮，不特為無上光榮，且亦足以增加其國際之聲望。故袁在十月以前，即極力促成總統選舉，國會既徇其意，先行制定憲法一部分之大總統選舉法而公佈之，及至國會選舉總統之日，猶恐不能獲得法定票數，不惜冒天下之大不韙，以軍警假裝公民團，包圍國會，威脅議員，求達其當選之目的。聞袁事前曾向人表示，民國成立，瞬屆一年，若正式總統尚未能選出，恐將影響及國際承認問題，予個人固無關係，如國家前途何？此足見二年之十月十日，實袁所視為最重要之一日，而不容不極力爭取者也。

第一任總統既以二年十月十日就職，則因任期關係，第二任以下總統其就職日期，亦必為某年十月十日，本屬當然之事，毫不足怪。惟我國政治情形，至為複雜，十餘年間，總統問題層見迭出，其時實力派及一班政客又均以法律遷就政治，牽強比附，不計及他，而機緣湊合，竟使每屆選出之總統，皆恰於是年十月十日就職，是則可異而堪以一述者也。袁世凱既背叛民國，帝制自為，即不死，亦已喪失大總統資格，依大總統選舉法規定，自應由副總統繼任。不幸當時副總統黎元洪亦在附逆之列（其理由前已述及），以法律言，自不能使其繼位，而應另開總統選舉會選舉總統。果爾則新選出之總統，其就職日期必不為是年之十月十日，可以斷言。乃當時因圖政治利便，各方對黎均無異言，國會議員遂宣言：「現在黎大總統繼任，實根據民國二年十月國會所制定大總統選舉法第五條之規定，應承繼本任總統之任期，至民國七年十月為止。」蓋依規定總統任期為五年，袁於民國二年十月就任總統，其任期應至七年十月始屆滿也。

黎既繼袁，國會遂舉馮國璋為副總統，其後黎又因解散國會，引起復辟事變而去職，馮乃又繼黎，本應至黎所餘之任期屆滿為止（即七年十月十日），不生疑問。乃馮、段執政，忽主張改造國會，其理由以「中華民國已為張勳復辟滅亡，今仿照第一次革命先例，召集臨時參議院，重定國會組織法及選舉法後，再行召集新國會」。既認中華民國為已經滅亡，則民國以來，所頒佈之法律自亦隨之失效，馮之大總統地位，且無所依據以取得，更何論於任期問題！然當時秉政柄者，仍為圖政治上之利便，僅以民國中斷為改造國會理由，而一切法令則悉仍舊貫。於是馮之任期，仍至黎所餘任期為止，由新國會舉徐世昌為總統，徐遂亦於七年十月十日就職矣。

及皖、奉相繼失敗，直系獨握大權，以欲使已系領袖膺總統，非先驅徐廢棄安福國會不可。乃又假恢復法統之美名，主張由黎復位，重行召集舊國會。然黎既於六年宣告離職，請馮繼位，且已至黎所餘之任期為止，則黎果依何法得以重登總統寶座？於是有謂袁於稱帝時即已喪失總統資格，而黎之繼袁則自袁死亡之日始，故黎任期應補足一百六十餘日，即自洪憲改元至袁死之日止者；有謂袁在任期間，在法律上無效，故黎任期尚有一年三個月者；又有謂黎任期應由修改約法，舊約法失效之日起算，須至民國十四年九月始滿者；但亦有置法律不談，而主張黎只能為事實上總統，即國會亦只能為事實上國會者。凡此皆屬有為而發，適成為政治上之投機論而已。其實直系之擁黎復位，一方藉之以驅徐，一方亦利用其任期之短促，故愈主張延長黎之任期，不啻轉以促黎之去位，因黎之戀棧及附黎者為之張目，終使直系迫不及待，而扮演逼宮奪印之醜劇。於是公行賄賂，由國會選曹錕為總統，而曹亦適於十二年十月十日就職矣。

總之所謂三總統者，其選出既皆予人以非議，徒種禍亂之根源，而所用手段，或出威脅，或由行賄（徐表面上雖似無此二者，然當日安福系議員於歲費外，均領有相當津貼費，俾便該系指揮投票，不可謂非間接變相賄選），令人回憶其就職之日，彷彿猶覺刀光圍繞，銅臭薰天。以國慶日之莊嚴燦爛，乃竟著此污點，袁、徐、曹固不足責，而當日昧於遠見，及曲解法律以圖取便之政客，自亦不能辭其咎也。

二十五、國會之雙包案

自莊周有「此亦一是非，彼亦一是非」之語，於是世人多誤以社會為無真是真非，遇事之有利於己者，輒強詞主張以求幸勝，而天下遂愈多事矣。如民國八年之發生所謂國會雙包案，亦其例也。

憶當民六段（瑞祺）內閣廢棄舊國會，依據其所頒佈之新國會議員選舉法，另行選舉參、眾兩院議員，因而舊國會之一部分議員，乃奔赴廣州，自行集會。計當時南下者，僅有政學會、益友社、政餘俱樂部、民友社（皆屬國民黨）四派議員，他如研究系等則均不之應，致難獲法定人數，只稱為「非常國會」。雖明知未能正式行使職權，作用究屬不大，終以無法補充人數，不得不暫維現狀。直至七年六月，以迫於時勢之需要，乃決定繼續第二屆常會會期，開正式國會，將不到會議員除名，以候補議員遞補。使此方法果屬圓滿可行，何至遲至一年之久，方始援用？蓋依院法，議員於開會一個月後尚未到院者，得經議決，予以除名。然第二屆常會曾經在北京開會，其未南下議員均已到院報到，自不能於同一會期中，強引此項法條，加以除名之處分。且即欲除名，亦須經議決程式，今到會議員既未達過半數以上，則所謂議決自亦不能成立。故除名遞補之舉，於法殊欠根據，此亦為當日非常國會議員之所自知，徒以事勢所驅，不得不牽強比附，藉以湊足人數，而其基礎固甚薄弱也。世人因此事發生在民國八年，遂稱其遞補之議員為「民八議員」，並稱其國會為「民八國會」，至原有議員則稱為「民六議員」，亦稱其國會為「民六國會」。

其後北方直系軍人敗皖驅奉，主張黎元洪復位，並下令恢復舊國會，於是民六國會遂於十年八月一日得過半數議員出席，正式開會於北京。當在京之參議院議長王家襄，與由南方北來之眾議院長吳景濂，在天津籌備召開民六國會時，民八議員即已通電否認，旋又在上海設立法統維持會、北京設立法統學會，此唱彼和，藉張聲勢。至其所持理由，無非（一）認廣州之自由集會為合法，（二）以未參加之議員為放棄職權，應行除名另補，（三）既經除名之議員，不得再行恢復，（四）除名之議員多曾任北政府官吏，及充安福國會議員，不能再容其置身議壇。而民六議員自亦依據法律，逐點加以駁正，且在事實上，民六國會業經開會，於是民八議員乃於八月三十日，相率衝入議場，索毆議長。一時國會雙包案喧傳於世，民六議員當議決於九月十八日舉行第二屆常會閉會式，為無形之抵制，並以示此一會期業經完成，民六議員之地位已成不可動搖之勢也。

雖當時國會已不甚為社會所置重，然吾人依法論法，實認民八議員之主張不能成立。蓋議員自行集會，雖為法之所許，但廣州集會，不過出自一部分議員之意，並非經多數議員議決或同意，因之未參加之議員，自不能視為放棄職權，其除名遞補，於院法既屬不合，在手續亦欠完全，實難生效。況當日黎元洪解散者，為民六國會，則今之撤銷此項解散令而恢復之者，自亦為民六國會，與民八何涉？至於民六議員有在解散期間轉任官吏及充安福議員，其資格是否發生問題，亦屬民六國會本身之事，應聽其自行解決，絕非民八議員所能強為主張。綜此理由，民八議員在法律上顯處於失敗地位，故雖有某某南方要人為幕後支持，而彼輩亦極盡跳踉叫囂之能事，終以不能博社會之同情，不得不偃旗息鼓，由沉寂而歸於消逝，此亦足見凡事雖或有見仁見智之不同，而真是非究終未可湮滅也。

二十六、民八國慶日之福州

今年國慶日，余因感觸所及，曾紀〈雙十節就職之三總統〉一則。茲復憶民國八年國慶日，故鄉福州，尚有一段史實頗堪記載，且其事又與余有關，爰特書之。

當前清末葉，各省設諮議局，時劉嵩生（崇佑）先生新從日本畢業回閩，當選為議員，本欲擁舊紳鄭錫光（清翰林時在鄉任官立法政學堂監督）為議長，及與晤談，覺其思想陳腐，且自大，難與有為，遂聲言伐鄭，改擁高登鯉先生為議長而己副之，其書記長一席則聘林宗孟（長民）先生擔任。林亦新畢業日本早稻田大學，隨父在浙，應奉天總督錫良之招，方擬束裝就道，劉連電力邀，乃棄彼就此。

林在留學界頗負盛名，初返閩，官紳爭相延納，兼任自治籌備處議紳、官立法政學堂教務長。林長髯飄拂而香溢襟袖，見者怪之，每會議侃侃而談，即先輩，言不中程，亦力糾不少假，諸紳不敢攖其鋒，心實忌甚。與鄭錫光意見尤多齟齬，鄭雖任監督，於教育實瞢然無知，遇彼此持論相左，輒林伸而鄭屈。鄭故褊狹，諸紳又陰構之，以是益積不相能。堂中故例，外府縣保送學生入學，須人納捐一百元，省垣則否。林曰此惡例也，力主廢除。鄭持不可，爭數日未決，鄭陳諸提學使姚文倬，免林教務長職（時官校教務長，由提學使聘任）。諮議局議員聞訊大嘩，向姚提出嚴厲質問，社會亦不直鄭所為。林告各界書中有「危言讜論，動驚長老；蹇性窈思，難以諧俗」語，足見當時去林，非僅鄭一人意也。

旋劉、林集同志議，以立憲勢在必行，亟宜儲才備用，良好法政教育，既難望諸政府，唯有由私人努力，眾咸謂然。乃決組私立法政專門學校（即今私立福建學院），假白水井劉氏花園地址，籌資興建校舍。其經常費用，則設一維持員會，由維持員各就其按月收入，抽百分之二十充之，選劉為維持員會會長、林為校長，另設理事三人，商同校長，處理校務，余亦被選為理事之一。既招生，投考人數遠出預期上，有已考入官立法政學堂者，棄而改肄吾校。考之日，國文試題為「其所令反其所好而民不從說」，蓋錫光字友其，而民乃宗孟名也。

宣統三年四月六日，舉行開學典禮，官紳均被邀參加。初諸紳聞吾輩有是舉，咸笑為妄，是日見規模畢具，設備完整，乃大驚異。嗣聞經費來源，由維持員月入抽取，而維持員多現任各官立學堂教員（時各官立學堂監督均聘舊紳充任），謂其食已之祿而效忠他人，乃一日悉免之（余時即身兼三學堂教員），固藉洩憤，亦欲以困吾校也。此為福建官、私校形成壁壘之始。

未幾，鼎革告成，閩省各官立學堂改稱公立學校，監督改稱校長，舊紳悉罷退，由留學畢業者承充，彼輩多本屬吾校維持員，官、私鴻溝，一時化泯。迨民國六年，中央任胡瑞霖為閩省長，胡與我輩私交雖篤，然用人悉仍其舊，一無更迭。會編制全省教育預算，胡主將福州各校經費，略加縮減以增益各縣，免過偏畸。福州各公校校長力爭不得，全體辭職，以相要脅，胡悉更易之。彼等誤為我輩暗中策動，乃集矢及吾校，適閩督李厚基由京參加督軍團會議返閩，謀獨立，彼輩哭訴之，李遂乘機驅胡，自兼省長，而盡複其職，於是而公、私校又成敵視矣。閩省自歸北軍勢力範圍後，國民黨悉潛伏，稍露頭角者，惟進步黨而已。及安福系出，在閩設支部，閩殘餘舊紳及公立各校校長相率加入，日謀假政府勢力，以傾覆吾校。

民國八年間，全國對段派措施益表不滿，各地時有學生遊行示威之舉，彼輩見有機可乘，於雙十節前旬日，即假各界名義，向李厚基告密，謂「私立法政學校煽動各校學生，將於國慶日遊行慶祝時，群起搗毀安福系支部，並驅逐當局，一切計畫悉出省議員兼該校總務主任鄭作楫手。鄭於佈署完成後，先自避滬，交教務主任徐宗稚屆期執行」云云。蓋彼輩偵知鄭將赴滬參加全國律師公會開會，故為此言以此影射，藉堅當局之信。

李因驅胡開罪進步黨，時存戒心，得訊信以為真。時宗孟校長任期久已屆滿，於民國五年，即由維持會選余繼任，但余多在京。十月八日適由京抵里，尚未知其有此事。余本修髯，在京時以熱不能耐去之，九日為李厚基母壽辰，余往祝。李見余歸，似頗驚訝，繼更愕然曰：「鬚去耶？驟見幾不認識。」余漫應之。旋於客廳中，晤各廳道，亦皆以去鬚為問。余以其係普通酬應語，初不措意，及辭出，又見各公校校長與教育廳長在廊間耳語，余至前始驚覺，雖互道寒暄，而神色略有異，然亦不疑有其他也。歸抵家，門人第二員警署長葉某來云：「頃奉警廳令拘徐宗稚，以徐與師有關，特故飭警赴徐弟處拘傳，亟來報，請速為備。」葉甫去，徐亦以電話告，所言與葉略同。余乃趨訪員警廳長史某，史，厚基中表兄弟也，與余初不相識，見面數語後，即曰：「聞先生夙美髯，何為去之？」又曰：「先生歸大佳，庶能解我困難。」問其故，悉舉相告。余曰：「有證據否？」曰：「有。」遂出一密函相示，余見其末署紳、商、學界公啟，告以此為匿名信，於法無效。曰：「亦知之，第遣偵鄭作樞，果赴滬去矣，豈能謂無因？」余曰：「鄭赴滬，乃參加全國律師公會開會，為共知之事實，與此何涉？」史似不置信，但曰：「今先生既歸，諸事可弗論，但求明日能打消遊行，則拜賜多矣。」余以其成見甚深，難於理喻，乃曰：「君等既如此膽怯，國慶亦非必須遊行，余明日當集學生在校內慶祝，不使出校門一步，他校則非吾責所及。」史再三致謝曰：「貴校能如此，他校可無慮也。」余因請其轉達督軍，遂與辭。史送出，笑謂余曰：「茲事微先生殊棘手，然先生去須疑案，亦可藉以大白矣。」余乃悟頃間督署諸人，紛相見問之意。事後探知官中疑余歸專為主持茲事，所以去驂者，防萬一事敗易逃逸也。

到校召集學生告以經過情形，咸願聽約束，以為可無事矣，忽督署送一公文來，乃致本校教職員者，略謂：「據探報該校教職員煽動各校學生，以慶祝國慶為名，大舉遊行，圖擾亂社會秩序，特令制止，如敢故違，嚴懲不貸」云云。余疑事有中變，蓋余與史約，只管本校，而文中仍涉他校也，遂以電話向史質問，據答云：「所談已達督軍，甚滿意，文乃前發，請勿誤會。」於是疑始釋。翌日各校均無舉動，余見危機已過，對當局不能無嚴正表示，乃於十一日晨，往謁李。李首向我致謝，謂：「昨日事全仗大力。」余謂：「督軍言我甚不解，我為私立法政學校校長，約束本校學生乃分內事，若他校學生，豈我所能左右？何敢居功。果他校學生，能唯我言是聽，則各校校長平日所司何事，政府亦安用聘請許多校長為？至以學生遊行，疑有異動，似亦未免過慮，試問省垣軍警林立，區區數千學子，手無寸鐵，甯足有為？此明係有人意圖中傷，造謠惑聽，當局何竟漫不加察，小題大做若此！」李聞言，面有慚色，徐曰：「此乃由君不在校，彼此情形睽隔所致，以後望常聯繫。」余知其係敷衍之詞，遂亦以數言敷衍之，一場風波，至此全告平息。

使此次余未歸，或歸而稍後，學校與政府間乏人溝通，奸人更任意播弄，勢不釀成大禍不止，豈凡事果真有數在耶？此雖屬一地方事件，然清末新與舊爭，入民國後，校與校爭、黨與黨爭，形形色色，何地蔑有？而一般軍閥顢頇怯懦，尤極可哂，則舉一隅亦可三隅反矣。

二十七、薩鎮冰與張作霖

張作霖雄踞關外，整軍經武，無日不思乘瑕抵隙，問鼎中原，然性陰騺，不輕舉妄動。當段派全盛時，張深與結納，後以徐樹錚經略蒙疆，與之利害衝突，而徐又遣姚震侄步瀛入奉，煽動奉軍叛張，為張所破獲，乃大憤恚，轉而與直系聯合攻皖。然心仍畏定國軍之強，僅派少數軍隊入關，姑為一試而已。及皖敗，所有軍械重炮盡歸於張，勢乃益盛，張本輕直而畏皖，至是遂以為莫予敵矣。憶張入京之日，氣焰煊赫，殆與帝王無異，時薩鎮冰方以海軍部長代理國務總理，與諸顯要共往迎迓，張初不識薩，見其衣冠樸素，儀容委瑣，未知其為閣揆也，傲不為禮。薩心銜之，然無可如何也。

直、奉聯合，本出一時利害關係，及大敵既去，彼此裂痕漸生。直軍以此次戰役，奉用力少而所獲豐，憤不能平，當時即有主派兵截擊之者，賴吳（佩孚）勸解乃止。張入京會議，以吳職位較己為低，竟欲不許列席，雖經曹（錕）婉說而未堅持，自不免大招吳之惡感。張陰結湖北王占元以制吳，而王旋為湘軍所敗，迫而辭職，吳遂繼任兩湖巡閱使，張極形憤妒。十一年十二月靳雲鵬內閣鑒於環境惡劣，提出辭呈，交通系包圍張氏，力薦梁士治組閣，對吳軍餉勒不發足。吳遂於十二年一月五日，借山東問題，通電反對梁氏，中有梁士詒「勾援結黨，賣國媚外」一語，蓋已隱侵及張矣。張以梁為己所薦，亦發電為之辯護。然張護之愈力，吳則揭之愈甚，於是張、吳遂由間接之爭而變為直接之爭，戰機乃因之而日迫。其所以遲至四五月之久而始爆發者，則以直系中洛欲戰，津則不欲，曹本人亦不願驟與親家決裂。故雖至奉軍入關，曹尚令所部節節退讓，一面並派曹銳兩度赴奉，磋商和平，終以張所提條件過於苛酷，致亦引起主和派之憤怒，而曹、吳態度遂趨一致。相傳曹致吳一白話電文為：「你即是我，我即是你，親戚雖親不如你親，你說怎麼辦就怎麼辦。」至四月二十二日，曹亦電責張憑藉武力。二十五日吳更率直系各督宣佈張十大罪狀，二十九日，雙方遂以炮火相見矣。

聞張態度所以如是強橫者，實恃有所鹵獲之定國軍大炮在，謂其威力足以制直軍死命而有餘。詎意戰時此一炮隊為直軍所收買，不求其倒戈相向，但使無的放射，至彈絕為止，奉軍失此支持，遂致計畫全乖，終於潰敗。然此尚非其主要原因，其最大關鍵，乃在於其昔所藐視之薩鎮冰，出全力以厄之也。薩為海軍耆宿，歷官數十年，頗能廉隅自矢，為部屬所信仰，平日不媚權貴，而好與農夫野老、後生小子遊，一若與人無競、與世無爭然者，實則城府頗深，恩怨分明，特不露聲色，故人多未之覺耳。自以受張慢侮，為平生奇恥大辱，久思有以報之。適奉、直戰起，乃親率艦隊，扼守山海關近港，遇入關奉軍輒開炮痛轟之，以此奉軍不能源源增援，不得不歸於失敗。此雖為張始料所不及，然亦以見挾勢自大，驕世傲物者之終自招愆尤也。

二十八、林宗孟論自殺

近頃臺灣自殺之風盛行，真理雜誌社因此特召開自殺問題座談會，名流畢集，討論綦詳，大抵均主自殺必須與國家、社會有莫大關係，如殉職死難者，方能加以讚美，至若因情或窮而戕生者，僅圖一己之私，宜在痛絕之列，論斷公允，自無存疑餘地。惟尚有憂時愛國之自殺，其用意在於激勵世人，固非自私輕生可比，但較之臨難盡忠，又微有間，此次座談會尚未論列及此，其為勇為懦、為是為非，久已深滋爭議。

有謂人之生命至為寶貴，留之可為國家建功、社會進福，故即不幸而至自殺，必其價值能與生存相抵，或且過之，而後乃為有意義，否則均不足取。孟子云：「魚，我所欲也，熊掌亦我所欲也，二者不可得兼，舍魚而取熊掌者也。生，我所欲也；義亦我所欲也，二者不可得兼，舍生而取義者也。」此即以明義之價值重於生，故寧死而不以為惡。且以生命所換取之價值，尚必須求其最大者，召忽以身殉主，固亦無可厚非，然孔子猶責其為匹夫之諒，自經於溝瀆之中而莫之知，而以管仲之不死為仁之大者，以此而言，則即令其自殺為有裨於國家社會，但若所裨者微，或捨此尚有可以努力之機會，其自殺仍近於逃避責任，而不足為論，此一說也。又有謂，夫人不幸生於昏濁之世、危亂之邦，憂時心切而救國無方，不得已冀惜一死以警醒人心，挽回危局，此不特其情可憫，而其效亦未必不可期，魯仲連不過以蹈海自矢，尚能使當時罷帝秦之舉，可為明證。況在昔專制時代，忠藎之臣往往借屍諫以感悟君心，今國體雖易，然以屍諫一人者，移以屍諫四萬萬人，亦何嘗不可！

不寧是也，凡能為公而棄其生者，其人必具有義俠之風。梁任公先生於前清末葉，慨乎於中國人之俔俔伈伈，毫無生氣，又見日本以能發揮武士道精神，終致強盛，乃著《中國武士道》一書，舉古史傳中所紀義俠事蹟，悉載於篇，其關於自殺者，如鉏麑之觸槐、聶政之屠腹亦皆錄入，以明此等精神為我國所固有，宜恢復而光大之，凡此皆足以見此等自殺之不宜裁抑也。日本數十年前，有某國會議員，於開會時，因偶不自禁，氣忽下泄，一時臭聞四座，嗤笑群起，某面赤耳熱，歸而羞憤自殺。以此而死，即謂其輕於鴻毛，亦非苛論。然當時輿論猶深獎之，謂其重廉恥、明責任也，而況於為警世勵俗而死之者乎？此又一說也。

今請述一事例，當前清光緒三十三年，余留學日本，暑期乘輪歸國，抵門司時，波平如鏡，船中人群集艙面，或步或談。有閩人陳不浮者，新畢業日本法政大學速成班，亦乘是輪歸，隅坐獨飲，微醺，忽起立演說，略云：「列強侵略中國甚急，滅亡之禍，迫在眉睫，而舉國醉生夢死，冥然罔覺。其稍有識者，亦無一肯為魯仲連、楚靈均，以喚起國魂，吾願首為之倡。」語及此，忽攀登船欄，一躍入海，眾阻之弗及。船主立命停輪，放舢板撈救，門司雖為內海，然海面甚闊，歷三十分鐘，卒無所獲。全船咸感動，醵金為謀善後，中有某省候補道粵人劉驥，赴日考察學務歸，獨捐百金，並為文以吊之，吾輩亦撰句公輓，句為：「滄海橫流，同舟愧乏扶傾策；東方始旦，一死嚇醒鼾睡人。」一面舉人返東京，向留日福建同鄉會及學生總會報告，並籌開追悼會。

時林宗孟（長民）方在東京，大不以陳之死為然，特輓以聯云：「無所效而逃，名曰逋戶；忍自戕其命，罪浮殺人。」所以責之者深也。句成以示其友人，咸以持論過激，力勸阻之，林慨然曰：「今日國勢危殆若此，全賴有識之士相與戮力，庶足以圖挽救，若人人皆以死了責，徒竊愛國之名，而不舉救國之實，前途尚可問乎？吾寧得罪死者，不願使生者群相效尤，至貽無形之大患！」其言亦殊有特見。一時留學界對陳之死，或譽或毀，莫衷一是。有感今茲，追懷往事，特紀之，以俟世之高明論定焉。

二十九、談聯省自治運動

自袁世凱廢棄約法，繼之段祺瑞以新法改選國會，一時法統問題，囂然國中。然歷經一次護法戰爭，而法統意義輒隨之蛻變，至民國八九年間，所謂法統者，已不復為人所重視，於是聯省自治運動遂代之以興。

按所謂聯省自治者，必先由各省自行制定一憲法，依據之以組織省政府統治本省，然後再由各省選派代表，組織聯省會議，制定一聯省憲法，依據之以產生中央政府統治全國。照此意義，則必當時握有中央及各省軍權者，咸能幡然覺悟，捨棄武力，誠心受治於省憲及聯憲而後可，試問當時一般軍閥是否果能如此？殆不待智者而知之。然何以此種運動，竟能如火如荼，大有旦夕觀成之勢？蓋失意政客，既為求適應其政治環境而倡為是說，而一部分軍閥，亦以其適足藉此自固而樂為贊成，遂致如響斯應，蔚為大觀。但觀國民、進步兩黨，在五六年國會中，因地方制度列入憲法問題，演成互毆，而此時唱聯治者，竟多屬平昔主張集權之黨人，而素持分權者反間出而反對之，至各省中之表贊同者，如浙盧（永祥）、奉張（作霖）、閩李（厚基）等，亦皆為前此擁護段祺瑞武力統一政策之軍人，此中消息，實不難於窺見矣。但正因其如此，故此種運動，外觀雖盛極一時，究皆水月鏡花，轉瞬消逝。

猶憶當段祺瑞武力主義失敗時，熊希齡曾發一電，主張採用聯邦制，電中略謂：「雙方既以武力爭法律，苟有一方可以戰勝攻取，屈服群雄，統一全國，未始不可以慰人民雲霓之望，無如彼此均衡，各無把握，一波未平，一波又起。」此即為熊氏主張聯邦惟一之理由。余時在北京《晨報》，曾著〈為聯邦問題質熊希齡氏〉一文，刊諸報端，大意略謂：「今日中國之大患，在於大小軍閥均無放棄軍權之感悟，使其有也，則聯邦制也可，即單一制也，亦何嘗不可？否則所謂聯邦，不過群雄割據之變相而已，於實際寧有絲毫裨益哉？」

其後此種論調愈唱愈高，各省且由議論而進入行動。其中以浙江一省，自十年六月四日，盧永祥通電主張自行制憲後，即組織省憲起草委員會，計有所謂九九憲法草案、三色憲法草案等，終以盧恐省憲實行，己之權力將受拘束，再三延宕，不肯交付公民票決，致成流產。他如四川、廣東、雲南、廣西、貴州、陝西、江蘇、江西、湖北、福建等省，或已製成憲草，或由當局宣言制憲，或由人民積極自由制憲，亦皆難收實效。惟湖南一省，以環境特別關係，曾經於十一年一月一日，將省憲公佈施行，且歷兩三年之久，但亦不過具備自治之形式，並未能發揮自治之精神。至十五年北軍進佔湘省，而省憲遂宣告消滅矣。

由此可知，凡欲倡行一政制，必其自身先具有真知灼見，認為合民情、適國勢，可以垂諸久遠而無弊，然後本其信仰，出以至誠，不斷鼓吹，不懈努力，久而久之，自能得全國之擁護而見諸實施。其驅於一時之感情，眩於目前之利害，甚，或為圖一部分、一階級之利便者，皆不足以語此。彼宣導聯省自治者，既犯此原則，其不能有成，早為識者所共知。夫豈獨運動新制為然，即已經確立之制度，果使執行者信仰未深、誠意不足，或仍存自便之思想，其成與不成，相去又幾何耶？

三十、賄選與賄不選

國會自民國六年解散，直至十一年始告恢復，其間經種種變遷，不但社會對之已不甚重視，即議員中亦有認為已失民意代表作用，決然引身而退者（如劉崇佑、陳筑山等）。從前各黨議員陣線分明嚴整，此時則大都意興闌珊，各自為謀，對黨關係既漸趨淡漠，而黨之控制亦無形鬆懈。八百議席支離渙散，頓失中心，無怪一經金錢誘惑，莫不靡然從風也。

國會恢復，本出直系主張，彼非真有愛於法統，特欲藉此以遂其舉行大選擁護曹錕之私圖。故其第一步計畫，即為勾結國會中有力分子。時參議院議長為王家襄，王與吳佩孚甚接近，吳本主張先定憲法，王意見自與一致。惟眾議院議長吳景濂，在國會運動復會聲中，即由廣州統率一部分議員北來，其志早欲乘機有所活動。該系乃深與結托，始則藉之以打倒洛吳支持之王寵惠內閣，繼則借之以打倒非己系之張紹曾內閣（張雖由直系閣員，迫其辭職，而吳景濂實參與其事），使中樞負責無人，乃嗾令軍警直接向黎（元洪）索餉，以迫其去位，於是大選時機漸臻成熟矣。然欲開總統選舉會，非有議員三分之二以上出席不可，換言之，即該系非拉足三分之二以上之議員，則選舉絕無成功之望，此自非吳景濂及其黨羽之力所能及。蓋以自曹逼宮奪印以後，議員中之親黎者多憤慨離京，而其時段（祺瑞）、孫（中山）、張（作霖）方聯合抗曹，亦不容其輕易如願。因之議員乃成為雙方爭奪之目的物，其為反曹派所招致南下者，時有所聞，更引起直系之焦慮。議員之嫉吳包辦者，本大有人，今見有機可乘，豈甘放棄，於是或結合十餘人，或結合六七人，其中有屬國民黨籍者，有屬進步黨籍及其他政團者，紛向該系請求設立招待所，領取津貼費，一時某社、某廬、某俱樂部，殆如雨後春筍，疊出不窮，所中招花侑酒，叉麻雀，抽大煙，幾於無惡不備，然或招待其名，實不過承辦人自行享樂，或亦多方款接，而受招待者其態度仍不即不離。但見議員諸君，時而南下，時而北來，若故示其奇貨可居然者，致始終人數難於確定。該系知非重賞莫得勇夫，乃決定凡投票選舉曹錕為總統者，每人送五千元，事為反曹派所聞，亦定凡不赴京投票者，每人送三千元，以資抵制，終以相較究差兩千元，故歸直方者遂日以眾。

余素主先憲後選，乃約各省議員中之志同道合者七人，不投票，亦不出京，並相戒嚴守祕密，以北京乃直系勢力範圍，恐彼見我之不能利誘，或以力相逼脅也。然此時雖平日之號稱至交者，多已與我異趣，彼輩風聞我之言論，即疑不易就範，暗中詗探，始悉有此結合，以告直方。一日，司法總長程克、交通總長吳毓麟、直隸督軍王承斌、直省議長邊守靖等，忽聯柬招宴余等七人。席間由王承斌發言，略謂：「此次選舉總統，大家均認仲珊（曹錕字）為理想候選人，並非出於私意，良以目下我國情勢，非舉一擁有最大實力者，使居元首地位，不足以資鎮懾而謀統一。故捨仲珊外，實無適當人物，願諸君顧全大局，予以協助」云云。余答以：「我輩亦並非對於仲珊有何成見，唯因國會歷時十載，憲法尚未制定，身為議員，深負疚戾，故主張此時宜專為制憲，不及其他。待憲法告成，再選總統，則對仲珊亦未始不可贊成。」餘人亦表同一意見。王等仍請細加考慮，改日再談，此一問題，乃暫告結束。時余方兼任《晨報》主筆，每夕至翌晨二三時始歸，歸時必有員警數人，在余宅左右梭巡，見余即散去，若惟恐余覺者，此明係暗中監視之意。余因提出質問，程則力辯決無其事，謂「或係警廳善意保護，致滋誤會，如君認為不必，當即電令撤去」云云，宴畢遂散。是夕余從報館歸，果不見員警蹤跡。

翌日，有天津海關監督劉某來訪，劉亦吾友，知其與直系關係甚深，來必有故，特避不見。後知劉齎命訪余等，表示願特別優待，將五千元票價，加為七千元；如厭倦議會生涯，俟總統選出後，當授一簡任現職，因此而七人中竟有五人變節，仍堅持者惟貴州張金鑒及余而已。及選舉前夕，余摯友數人先後由電話詢余明日往投票否，余均詭辭以對，蓋深知此數人已成為擁曹重要人物，若實告，必至橫生枝節。平心而論，渠輩一半雖為曹賣力，——半亦以為擁曹確有前途，為友誼故，深望余能與取一致行動，無如見仁見智各有不同，余固不能違良心、背正義而曲阿之也。

翌日上午九時開總統選會，甫昧爽，余即離家赴晨報館，作書致主席，告以先選後憲違吾主張，本日不能出席，即復由報館避往門人林君處。嗣以電話查知選舉會已開成，曹錕亦已當選，乃由林宅歸，道逢投票諸君，咸洋洋有喜色，見余只笑頷而已，直令人不禁有人間何世之感。歸乃知余才離家，即有數人乘汽車來訪，家人告以已出，尚窮詰何往，又告以不知，始爽然而去。下午張君金鑒來，未交談即淚涔涔下，驚問其故，乃知渠本避居日人所設之博濟醫院，竟被彼方偵知，由員警總監薛之珩驅車直入，強挾到會，利誘不能，繼以威脅，余固早料之矣。據報載，當時議員不投票亦不出京者，只王家襄、黃元操及余三人。聞反曹方面所許議員之三千元，係於北京選舉前夕始在上海發給，蓋防彼輩於得到此款後，又復來京參加選舉，亦足見當時議員之信譽矣。世因此稱京方為賄選，滬方為賄不選云。

三十一、馮玉祥之倒戈

民國以來，軍人中之最反覆無常者，當推馮玉祥，其首顯身手，則在奉直第二次戰爭時。當時直系勢力如日中天，調兵遣將，討伐奉張，計下十道命令，聲威顯赫，大有一舉踏平東北之概，詎為時僅三十五日（十三年九月十八日下令，至十月二十三日晨二時，馮軍即已入京，包圍總統府），竟至全部瓦解，一蹶不可復振，則馮一人為之也。

馮在直系中，以善治軍稱。遠在馮國璋任總統時，彼尚不過一旅長，即擬派調駐閩，以分閩督李厚基之勢，以李反對而止。直皖戰後，馮以歷著功績，地位漸高，終繼閻相文督陝。及吳佩孚攻擊梁士詒內閣，馮與取同一態度，聯合贛陳（光遠）、蘇齊（燮元）、鄂蕭（耀南）、魯田（中玉）、豫趙（倜）、皖馬（聯甲）等，先後通電回應，其後直奉戰機（第一次）愈迫。吳以在豫之趙氏兄弟（趙倜、趙傑）頗有附奉傾向，恐己之軍隊一旦抽調，則心腹患成，乃商之馮，令其放棄陝督地位，率部東出潼關，鞏固鄭洛後防，馮慨然從命，亦足見吳、馮之關係矣。馮既以利於戰局佈置，棄陝入豫，迨戰事勝利，自宜畀以豫督，藉補其失而酬其勳。詎因此而吳、馮感情，乃漸形隔閡，蓋馮雖督豫，而吳固仍駐洛陽也。物莫能兩大，況吳素性又頗傲慢，以馮久隸屬下，遇事多自主裁，不加諮商，馮亦不願一味仰承意旨，久之，彼此之間自難免各不愉快。姑舉一事為證，馮本好以儉樸自炫，一日忽令禁民間穿著綢緞，店鋪亦不准售賣，否則嚴懲不貸，綢緞業以積貨未銷，耗損過大，聯請緩行，不許，乃轉而哭訴於吳，吳認馮為不諳大體，且干涉營業自由，遽下令撤銷之，馮雖無如何，然於體面上則甚難堪也。未幾馮即不安於位，而易以張福來，初尚許以熱、察、綏三特區巡閱使，但亦口惠而已，終僅畀一陸軍檢閱使，有虛職而無實權，其不能滿馮之意可知。然馮素深沉，時機未至，絕不少露詞色，故逼宮奪印一出，馮仍任一重要角色，迨大選告成，祿仍弗及，識者早知馮之不復為曹、吳用矣。聞吳事前曾許馮於破奉後，畀以東三省巡閱使，馮怒其又將紿己，愈決叛離。夫以畫餅餌虎豹，欲求其惟命是聽，吳之疏愚固極可哂。

然謂因此一語，乃適激馮之變，則殊不然，蓋馮之叛意，早已決定於在京時，故反直派乃得乘機而入，至任馮為第三軍總司令，擔任熱河方面軍事，此不過使馮處於更有利地位，實則當時即令不使其獨當一面，而依然留鎮京師，又豈能安然無事？有謂吳於餉械分配不均，亦為激怒馮軍之一端，但觀馮在前線曾電京索餉，語多憤慨，即可證明。此又不然，聞當時馮軍行至密雲，即已逡巡不前，其索餉者，無非藉此掩飾其稽留之故，豈真足給餉械，便能消其離異之心，而增其敵愾之氣？馮於十月九日（距出師不及二十日）即有一電致曹錕及直系將領，痛斥曹英、李彥青、王毓芝、王克敏，謂欲靖國事，非將此輩小人驅逐不可。尤可怪者，此電且分致段祺瑞、盧永祥諸人，而獨不及吳佩孚，則其態度已不難窺見。以馮平日之陰猜沉鷙，使非佈置周詳，綽具把握，豈肯有此顯露表示？只此可知其早懷決心，預有聯絡，絕非一時有激使然也。

又據接近馮系人言，馮當時之逗留不進，不過意存觀望，尚未至痛下決心，使其時第一軍在榆關方面，果能一鼓殲敵，則馮或仍效忠於直。此言不但不足為馮之人格辯護，且於馮之倒戈妙諦，似亦知之未深。馮不倒戈則已，果欲倒戈，則必行之於雙方勝負未見之前，絕不能行之於雙方勝負既判之後。蓋局定而後動，奉勝則馮不足以見重，直勝則馮更難免於被疑，惟於戰事正在劇烈之際，突出此舉，直既無術反救，奉可藉此進攻，而馮乃自處有成無敗之地位。馮已籌之至熟，故直奉開戰後數日，即發十月九日一電，對各方微示其意，迨十九日雙方戰事愈烈，即祕密開拔，兼程回京，因北京警備司令孫岳，馮事前已與接洽，故能直入無阻，於二十三日晨二時，佔領北京各要地，旋即進圍總統府。

余時在北京，於前一小時由晨報館回寓時，尚未聞此項消息，黎明有報：沿街軍警林立，似京城有重大變故者。急以電話向各方探問，則屢呼不通，知果有異。出視，紛言馮軍附奉已返京，總統失自由矣。吳方在前線督師，聞馮倒戈入京，直如晴天霹靂，驚皇失措，乃一面分軍禦敵，一面回師靖內，終以前後受擊，歸於失敗。十一月二日曹錕宣告退職，三日吳率殘部由大沽浮海南下，掀天動地之第二次直奉戰爭至是遂告結束，微倒戈將軍之力，曷克臻此。獨怪馮既失歡於吳，何以竟能使之不疑而重用之，及稍被疑矣，何以又能使之，不加防範而縱任之，且由前線返京，全師移動，歷時四日，曹、吳豈無耳目？何以能一手障天，漫無人覺，則馮之倒戈伎倆，亦可謂出神入化矣。又聞吳於疑馮後，曾命王承斌赴熱河，代馮行使總司令職權，而王因夙不滿吳專横，早已與馮暗通聲氣，大敵當前而內部離異如此，然則即無馮之倒戈，而直系亦豈能免於覆滅哉？

三十二、國會壽終正寢

民國國會於二年正式成立，直至十三年，尚由第一任議員行使職權，蓋國會曾經袁世凱、黎元洪兩次解散，而段祺瑞討平復辟後，又廢棄之而召集新國會，中間中斷日久，議員無從行使職權，不能不加以補足也。但在十二年間，議員任期即以補足計算，亦已屆滿，第二屆議員又未先期選出，其情形與去年立法院相同，勢只有以民意機關不能欠缺為理由，將現任議員任期予以延長。所異者，去年立法院係由政府發動，將委員任期延長一年，交由立法院議決，而當時國會則由議員自動議決，將任期延長至新議員選出就職之日為止而已。在議員諸君且以為自謀甚審，從此可保無意外之虞，而有識者早卜其命運之必不久矣。

猶憶當十二年九月二十日前後，距選舉總統約尚有兩星期，有同院某君語余：「此次恢復法統，純出直系主張，不能謂其無功於國會，則酬以總統，亦屬理所宜然。且今日國中實力，全操其手，在最近數年，絕不至發生變化，不但我輩與之合作，可望發揮平昔政治主張，即國會因有實力為之後盾，亦無慮再遭人蹂躪。」余笑答謂：「使直系不爭總統，則恢復法統之公心，或予天下以共見。若必欲爭總統，動機既屬為私，果再益以非法運動選舉，結果恐成為國會罪人，功於何有？至所謂實力，尤不可靠，證以過去事實，往往實力愈大，變化愈速，豈惟與之合作者，轉瞬或將躬受其禍，而國會必且因多數議員之遭人攻擊，亦難於保全，不可不察也。」在余當日所見確係如此，以與某君交誼素篤，故不覺披臆直陳，豈料果不幸而言中耶？

直系既敗，曹錕於十三年十一月二日宣告退職，段祺瑞於是月二十一日通告准二十四日就臨時執政，二十二日入京，段派各要人則先段一日至。是夕曾毓雋、梁鴻志等集宴於新豐樓，林宗孟亦在座，特招余往，以余在京不投票，與彼輩主張合也。席間多痛詈投票議員，有主嚴懲之者，余謂：「受賄投票，法固宜懲，然尚有受賄而不投票者，將何以處之？若同一受賄，所差者只在投票與否，而一懲一獎，豈得謂平？」眾皆嘿然，余即知投票議員之難安然無事矣。越數日，余與宗孟適在東城某飯莊午餐，有地方法院閩籍某推事，余友也，來告余：「頃法院已發票拘投票議員，同鄉某某，恐皆不免。」余以詢宗孟，云政府確已密交法院辦理，乃急乘車往視友好數人，至則門者均以外出對，殆皆聞風避匿也。事後知有若干人，睡夢中聞邏騎至，倉皇逃竄，有不及履者，有不及衣者，有登屋逾垣墮而傷者，種種醜狀，令人為之噴飯，結果並無一人被逮。蓋政府用意只在恐嚇此輩，以殺其前此之威風，非真欲令作階下囚也。反之，不投票議員，除少數與政府有特殊關係，正在參與密勿外，其餘則仍保持不完全之國會驅殼，不願遽爾捨去，月尚以非常會議名義，向政府領費，政府亦以決策未至實行時期，且若輩均屬患難相隨，不能不略為敷衍。從前議員月領四百元，今則減半給二百元而已。

但此自不過暫時辦法，蓋段對國會，本極憎惡；孫中山先生此時亦已放棄法統論，而主張召開國民會議；奉張則於此問題，素不十分重視。三角同盟之領袖，其態度既已如此，即令無賄選罪名，而國會能否保存，尚屬疑問，況自賄選以後，又為全國所共厭棄乎？段本定就職一個月內召集善後會議，三個月內召集國民會議。其善後會議條例，於十二月二日通過國務會議，十四年二月一日開幕，不投票議員，多延攬為善後會議會員，及善後會議中之專門委員，至非常議員按月所領之二百元則告截止，至是而歷十餘年從未改選之國會，遂宣告壽終正寢。雖然，此又豈制度之過哉？

三十三、段祺瑞晚年舐犢

語曰：「知子莫若父。」又曰：「人莫知其子之惡。」此二語若相反，實則可並行不悖。以常理論，父於子為至親，平日一舉一動，皆不難於侍座之頃、趨庭之際，默察熟審，而決其為智愚邪正。然此必其中無所蔽而後能然，若父於子，愛之過深，期之過切，則往往以愚為智，以邪為正。即有人苦口相告，或反觸其怒，而疑為進讒離間者，此無他，情以溺而偏、見以蔽而暗故也。以此而知所謂知與莫知之說，實各有至理存焉，固未可以盾矛視之。但又有始明終暗，始知而終竟若莫知者，則亦有說在。

當楊度等發起籌安會時，有人詢袁（世凱）此是否出自公意，袁答謂：「凡欲登帝位者，大抵皆為子孫萬世計。吾環顧諸兒，率庸懦無能，不足以承大業，豈肯冒大不韙，轉貽子孫以滅亡之禍？」以此言之，則袁似亦深知其子者，然當日推動帝制，其子克定實為最力之一人，而袁不特不之禁，且故縱之，以圖逞其大欲，則又似莫知其子者。

袁素極陰詐，所言或不由衷。若段（祺瑞）子宏業，確為段所深惡，謂其昏庸不足任事，故段雖久秉大權，而宏業初未嘗稍參帷幄，或任何職務。民國六年，段任國務總理，湯濟武先生亦閣員之一，日因事謁段於其私邸，段適與宏業弈，先生作壁上觀。局終，段大負，急以手亂之，怒斥曰：「一無所能，乃徒工此，奚為者？」宏業大赧而退。段之好勝，於子猶然，固極可哂，然其平昔不滿其子之情，於此亦可概見矣。乃十三年段出任臨時執政，忽大信任其子，一時宏業幾有左右乃父之勢。蓋段之親信，本分皖、閩兩派，皖派欲排閩，因擁宏業以自重，湯漪、章士釗等悉依附之，日於段前譽宏業能。段亦視彼輩為商山四皓，謂此諸人既歸其子，則輔佐有人，或不至貽誤大事，因亦漸從而信任之，以此世遂有「太子派」之稱。實則其時段已老邁，抵犢之情漸生，亦欲乘時為其子稍樹基業，又以輒經世變，覺惟父子之親，為較可恃。湯、章等微窺其隱，遂假擁護太子之名，以售其攘奪權位之計，此即段於其子，由知而至莫知之總因也。

夫以袁與段皆非全無知子之明，徒以中於一念之私，中有所蔽，遂不免於始明終暗。袁以用克定而敗，段之敗固不盡由於宏業，而亦無所表見，然則負治國之責，而稍有家天下之思者，亦可以鑒矣。雖然，用人惟賢，使其子非劉景升之豚犬，而為孫文臺之獅兒，固又非可一概論也。

三十四、林建章殺楊砥中

我國海軍基礎，實奠定於馬尾船政局，局為左文襄（宗棠）督閩時所規創。當時體制極崇，規模亦甚大，設欽派大臣一人以主其事。其首任大臣為沈文肅（葆楨），則左所奏保者也。左、沈俱為清中興名臣，故辦理極認真，將馬尾一帶劃歸船政局範圍，以兵法部勒之。相傳有一賣漿者，夜見路上遺一破草笠，取而戴之，為邏者所獲，以報沈，沈立命斬之，以其私拾遺物幹軍令也。藩署庫吏某，挪移船政餉款，沈怒，捕之，欲置重典。其人素慷慨，尤重文士，士之窮者咸沾其惠，聞訊僉謀營救，乃丐沈父為之緩頰。沈在局得父書（沈家在福州省垣，距馬尾約數十里），知其為此也，先斬某而後開緘，其嚴厲有如此者。以故事雖倡始，而規制條章均得確立不紊。

其始僅由局招收藝徒若干人，聘外國人任教導，司修理船艦而已。後政府為謀深造人才，又於其地設海軍學堂，一曰前學堂，專培育製造人才，一曰後學堂，專培育駕駛人才，學成，選優秀者送往外國留學，其中不乏傑出者，以習海軍者，多屬閩籍，權力亦隨而歸之，勢所必至也。海、陸軍本為國防之兩翼，然我國海軍其用以對外者，僅前清甲申、甲午兩役，一以抗法，一以抗日，而皆敗，尤以甲午為甚。入民國來，則皆用以對內，民國二年，袁世凱憑藉海軍以平敉第二次革命，即其明證。自是國中每有一次戰爭，甲乙雙方均欲挾海軍以自重，而海軍遂成為奇貨可居，軍以貨稱，其為人詬病也固宜。

海軍既為內戰勝負所繫，於是握政權者，於海軍總長兼總司令兩職，必皆用忠於己系者。當直系秉柄時，海軍總長為閩人杜錫圭，杜則直系中之親吳（佩孚）者也。其人肯負責而有野心，以海軍勢力限於水，不足與人爭衡，且閩為其故鄉，向聽他省人宰制，不能達閩人治閩目的，尤引為憾。有楊砥中者，久隨杜左右，乘間獻計於杜，謂惟有將陸戰隊加以擴充，既無越海軍職權範圍，又可藉口駐防，潛佈勢力於各縣，以徐圖進取。杜深以為然，遂任楊為旅長，楊乃大行募兵，從事訓練，一面招撫土匪，以厚其力。其時閩督軍先為孫傳芳，後為周蔭人，皆直系，不欲公然開罪海杜，而吳佩孚又陰護持之，以此楊頗能從容部署，寡所牽掣，馴至長樂、連江、福清、平潭暨福寧各縣，皆屬其防地，凡防區內，一切稅收及用人行政，省政府多曲徇楊意而行，而楊對孫、周亦深相結納，是為楊最得意時期，亦即海軍在閩勢力最盛時期。

未幾時局變動，段祺瑞再起執政，免杜錫圭職，以己系林建章代之。林亦欲藉陸戰隊之力，以奪取直系在閩之地盤，但楊甚跋扈，不易使之聽命，於是日籌去楊之策。適孫傳芳在浙，大慶壽辰，楊由閩往祝，並參列軍事會議，林以機不可失，密電第二艦隊司令曾以鼎，命就近設法圖之，雖格殺勿論也。曾以為難，其部下某挺身自任，謂必得當以報。時楊已由浙抵滬，定某日乘招商局輪船返閩，某偵知大喜，候其登輪後，持刺往謁，楊不疑有他，就艙中延見之，談數語，某突出手槍擊楊，彈發中要害立死。楊死後，其所統率之陸戰隊雖仍存在，而實力則大非昔比矣。閩人至今有尚為楊呼冤而悼惜之者，謂使楊而在，則閩省在國內地位或可改觀。然以余所聞，楊膽大而粗，志大而傲，即不死豈能有成？即成，又豈真能有裨於閩政治哉？獨怪往昔我國海軍不能鞏固國防，而徒助長內亂，其末流乃至爭奪勢力，自相仇殺，使左文襄、沈文肅有知，必將痛哭於地下矣。

三十五、又一直皖戰爭

直皖戰爭，已於民國九年七月間告一結束，不謂至民國十三年又有一直皖戰爭，即世所稱「江浙戰爭」是也。江浙戰爭何以謂為直皖戰爭？蓋皖系自民九敗於直奉聯軍後，所僅存之勢力，即為浙江一省。浙督盧永祥，不但為皖系中堅人物，且為其特出人物，當直系全盛時期，常能不屈不撓，顯示敵對態度，而直系對於異己各督先後更迭，獨於盧竟隱忍數年，相安無事者，一則盧於內尚能經武整軍，示人以不可侮，於外揭櫫保境安民，以博取輿論之支持；一則直雖一度與奉聯合，旋即發生裂痕，不能不留主力，以為防範，而東南各省情勢複雜，佈置未周，尚未能合以圖浙故也。然戰機醞釀，則匪伊朝夕，其最大暗礁，厥為淞滬問題。

淞滬本屬蘇轄，自盧永祥由淞滬護軍使升調浙督，舉何豐林以繼己，而淞滬遂歸浙控制，非蘇督能過問矣。在李純督蘇時，對於淞滬管轄權，即爭持甚烈，迨李死齊（燮元）繼，爭仍如故，終以盧極力把持，迄未解決。十二年十一月十日，淞滬員警廳長徐國梁被刺死，蘇、浙雙方爭委人接充，結果齊、韓（國鈞，蘇省長）會委之申振剛卒被拒，為何（豐林）系陸榮錢所得。齊憤甚，謀以武力相見，以吳（佩孚）不贊成，乃托徇民意（時兩省人士，均反對戰爭），成立一兩省和平公約。彼吳豈真有愛於盧哉？蓋知齊實力不足以制盧，而鄰省一時又未能為齊助，不得不留而有待耳。

因此，雙方雖外言和平，而暗中則各有計劃。浙以處於敵人四面包圍之中，勢不能不借外力為之聲援，於是聯粵以制贛、聯奉以制曹（錕）吳（佩孚）。直則握有困敵之優勢，只須加強周圍力量，即可收夾擊之效，皖微弱不足道，贛又有所牽掣，於是惟有借重於閩，使之助蘇。直系雖於十二年三月以孫傳芳督閩，然在閩將領王永泉、臧致平、楊化昭等，皆與皖系有相當關係，非孫所能節制，致孫經營年余，未能得志，其後得周蔭人之助，計驅王永泉於福州，而臧致平、楊化昭在閩南亦不能立足，閩省勢力始獲統一。內部既定，乃有餘力向外發展，同時孫以閩督讓周，以酬其功，亦欲取浙盧而代之，形勢如此，而數年勉強維持之江浙和平，遂岌岌不可終日矣。

大凡雙方利害既不能並容，勢只有出於一戰，而彼此各自以為計畫完成，勝算可操之日，即為戰禍爆發之日。國際戰爭然，國內戰爭亦何莫不然，故識者觀於段（祺瑞）、孫（中山先生）、張（作霖）三角同盟之成立，及閩孫、蘇齊之信使往來，即已知戰事之萬難倖免矣。至宣戰口實，則隨時隨地，俯拾即是，初非戰爭真因所在，此又為歷來交戰者之慣技。就直方言，淞滬問題本可為開戰口實也，而棄之不用；曹（錕）當選總統，盧宣告與中央脫離關係，亦可為開戰口實也，而佯置不理，最終乃獨以收容臧（致平）、楊（化昭）軍隊加罪於盧而致申討，足見其不過藉以發端，非果真置重乎此矣。

蓋臧、楊既不容於閩，遂率部由贛邊轉入浙境，盧收容而改編之。蘇齊、閩孫連電質問，盧不為屈，吳佩孚命豫省長李濟臣勸盧將其解散，盧亦嚴詞拒絕。於是直方遂據為進攻理由，孫傳芳於八月二十五日由福州率兵出發，九月初旬蘇、浙兵在滬甯路安亭附近開始接觸。其始蘇軍節節敗退，迨九月中旬，孫軍佔領浙之衢州，盧以後方受威脅，同時浙籍軍隊又有與孫通款曲者，不得已以赴滬督師為詞，率部離杭，擬與何（豐林）合力抗蘇，為背城借一之舉。奈大勢已去，無可挽回，終於十月十二日通電下野，直系政府於盧離杭時，即已任命孫督浙，兼閩浙巡閱使，夏超為浙省長，掀天動地之江浙戰爭，不及兩月遽告解決。此役雖名為蘇、皖、贛、閩四省攻浙，實際動兵者只蘇、閩兩省，而蘇又為主動，故簡稱為「江浙戰爭」云。

東南戰爭既發動，粵果出兵攻贛，奉則嚴電直曹勸阻無效，遂六路進兵，引起直奉戰爭，雖終無補浙盧失敗，然天下禍福無常，成敗互見，往往出人意料之外。直既取浙，東南去一心腹之患，以為可以高枕無憂，豈知季孫之憂，不在顓頊而在蕭牆之內，不及旬日，以馮玉祥之倒戈相向，全系勢力頓呈瓦解，段祺瑞於盧之敗，頓失惟一干城，痛心曷極，蓋無何奉軍入關，中央局勢一變，己且以直系各督之擁護而再出執政，起伏變幻，一若莫得端倪，然稍一潛心推究，要皆各個軍閥遞趨於滅亡之途，此則治民國史者所不容忽視者也。

三十六、曾毓雋幸脫虎口

段祺瑞左右分為皖、閩兩派，前既言之矣。段平生最寵任者二人，一為徐樹錚，一為曾毓雋。徐籍蘇、曾籍閩，徐倔強、曾機警，雖素不相能，而皆忠於段。段性頗執拗，苟為所信任，非讒言所易攜間，故二人固挾爭寵之心，初無相殘之意也。民國六、七年間，為段勢最盛時期，其依段以取功名者，殆如蠅集蟻附，不能不結奧援，於是非親徐即親曾，兩派對立之勢乃漸形成，但亦尚未呈劍拔弩張之狀。及十三年段再出執政，徐以為各方所集矢，避走南方，段系之屬皖籍而親徐者驟失中心，乃群謀擁段子宏業為魁，以與閩派抗。宏業本有憾於曾，以其平日自恃勳舊，對己不甚重視故也，益以當時皖人之集旗下者，已不如前此之單純，如自命為宏業四皓之湯漪、章士釗等，皆非與段有甚深關係，名為段父子謀，實則皆自為謀，彼輩於段入京時，即已對曾大肆抨擊。曾見形勢如此，乃以退為進，力薦梁鴻志為執政府秘書長，寄以耳目，己則不參與實際政治。彼輩本思借宏業以左右段氏，但段素不喜宏業，不過以屬父子之親，既有願為之助者，亦遂聽之，故宏業在段前千言，終不若曾暗中一言之有力。彼輩以曾在，決難逞，又知段信之深，排擠不易，乃謀籍外力以去之，雖損段威望弗顧也。

時馮玉祥方握京師實權，與奉張交惡，因由宏業遣人密告馮，謂曾力謀聯奉驅君（指馮），不去曾，恐於君不利。馮信之，陰令京警備司令鹿鍾麟逮曾，曾弗知也。某日，曾有事欲赴津，抵車站，為一憲兵所截，謂：「鹿司令請總長（曾曾任交通總長）到司令部談話。」曾謂：「司令欲與我會晤，可訪我於寓所，奈何請我往？」憲兵謂：「我但奉令而行，不知其他。」遂強挾曾登汽車。曾兩僕亦隨上，車行數武，兩僕乘憲兵不備，突擊而擲之車外，驅車徑返寓所，正以電話向各方探詢，而兵警突入，擁曾而去。曾抵司令部，嚴詞質鹿。鹿謂：「此出總司令（指馮）意，君可在此小憩，無他虞。」本交軍法處負責監視，處長閩人某，以避嫌拒，乃移交副官處，派副官二人監之。曾親友四出營救，托人語鹿，果釋曾，願以十萬元助軍費。鹿答以款姑先繳，候陳明總司令辦理。曾方恐受紿，卒未繳。

曾日與兩副官處，漸稔熟，先探其對段信仰如何？兩副官極口稱執政功德。曾乃與談己與段之關係，並謂司令欺侮我，即不啻開罪執政，將來未必與彼有利，二人亦唯唯。曾又詢其在司令部月入幾何？前途有無希望？二人均稱生活困苦，升遷甚難，言下又有鬱鬱居此之意。曾知有機可乘，乃謂：「爾二人果能脫我於險，我當各贈二萬元，以紓爾目前困難，彼此結為兄弟，我有生之年，爾二人仰事（二人中有一人父年已八十餘）俯蓄，均由我擔負，並言諸執政，錄爾大功。」二人俱：喜諾。謀既定，曾令其密將眷屬移津，於某黃昏，二人以汽車載曾出司令部。門衛見副官在車，不疑有他，置不問，車駛入東交民巷，迨鹿發覺，已無如何也。曾匿居數日，與兩副官同乘汽車，尤其婿王某駕駛，自東交民巷旁門出，徑越豐台，於某小車站，改乘火車安抵津日租界，雖幸脫虎口，然亦云險矣。

未幾，段系姚震亦為國民第三軍所逮（馮為國民第一軍），或云乃曾所為，藉示報復，實則姚雖皖人，而與曾親，夙為宏業派所不滿，殆亦彼輩陷之也。此足見內部派系之爭，其互相仇視，有時反較異黨為甚，其爭愈烈，貽害亦愈大。馮雖跋扈，其始尚不敢公然與段為難，自此端一開，乃益無忌憚，其後徐樹錚在車站為馮所殺，雖云為其舅陸建章復仇，其心目之中無段，亦可概見，誰謂段之敗，非皖、閩兩派內爭有以促成之耶？

三十七、吳佩孚不與馮玉祥妥協

馮玉祥於第二次直奉戰爭突爾倒戈，致使直軍全然瓦解，其經過情形，余已筆而記之矣。惟馮後受奉軍壓迫，又謀與吳佩孚妥協，而為吳所峻拒，其事或為外間所未詳知者，亦不可不一述也。

蓋馮既決心倒戈，恐勢孤難集事，乃深與胡景翼、孫岳結合，以所部改稱國民第一軍，胡稱國民第二軍，孫稱國民第三軍，於回師時，舉京津一帶要隘，由國民軍節節佈防，以示先入者王，他人勿得染指意。迨奉軍繼至，一舉占保定，再舉占天津，馴至北京附近國民軍駐紮之地亦在所必爭，馮之願望遂歸幻滅。段祺瑞恐兩軍因此破裂，從中斡旋，議定以津浦線劃歸奉軍，京漢線劃歸國民軍，俾各從事擴展，一時暫安無事。然國民軍力征經營，始獲奠定豫局（由胡景翼督豫，孫岳任豫省長），而京漢線北段之保定，仍在奉軍掌握，脈絡終難貫通。若奉軍則由天津直趨淞滬，暢行無阻，其勢張甚，遠非國民軍所及。旋孫傳芳由浙江出師討奉，奉軍以戰線過長，佈置未周，倉皇由滬、蘇、皖撤退，孫軍追亡逐北，直至徐州為止。

馮見奉軍失勢，謂為千載良機，遂一面遣使約孫進兵來擊魯（山東）張（宗昌），一面密說駐在灤州之奉新派將領郭松齡，率兵出關，驅張自立。在馮自以計出萬全，詎意弄巧成拙，馮雖令豫軍入魯，而孫則按兵不動（孫此時已無意再由徐州進兵，所以諾馮之請者，無非借之以牽制魯張，使前線無憂，得以專意整頓內部），結果不特魯張未去，反使吳（佩孚）乘機在魯、豫收集舊部，東山再起。至灤州郭軍長驅出關，始勢甚銳，而巨流河一戰，竟至被俘身死，結果不特奉張安然無恙，反使吳（佩孚）、張（作霖）之間發生同感，棄嫌修好，此又豈馮所料及哉？

聞吳當時曾有一電致張，略謂：「某平生最惡反覆小人，不意敝處有一馮玉祥，尊處亦有一郭松齡，叛亂相尋，紀律敗壞，良堪浩歎。聞閣下正躬率勁旅，掃除餘孽（其時張方率兵入關，討伐魏益三，因魏將郭留駐山海關殘部編為國民第四軍，與馮相呼應），某願悉力相助，共張撻伐，必使此輩無所逃罪而後已。」固已早露與張合力討馮之意矣。馮聞郭敗，知已必不容於張，恐吳、張聯合勢成，更難為敵，乃宣言下野出洋，由李鳴鐘、張之江等出面向吳謀妥協，並遣人說吳，謂：「煥章前此固曾開罪於公，但現已悔禍，決然下野，直之大敵本為奉，倘能乘此時機共圖團結，敵愾同仇，則勝算可操，舉國敢不唯公命是聽？」吳啞然曰：「馮煥章尚知有吳子玉耶？彼前假外力以顛覆吾輩，今見形勢不利，又思假吾力以保持其叛亂所得之成果，吾雖至愚，豈肯任其玩弄？且彼已為全體袍澤所唾棄，亦決非吾私人所能曲予包容。若以團結言，以彼反覆性成，既已倒戈於前，安保其不倒戈於後，是所謂團結者，反以種將來無窮分裂之禍根。彼平生慣以偽善欺人，吾即不再受其欺，恐世必尚有誤認為誠實恭順，終受其害者。吾甚怪社會是非不明，正義不伸，竟任此輩逍遙法外，流禍家國，君乃亦為之作說客耶？」某聞言嗒然而去。吳卒與張合，驅馮於南口。吳平生剛愎自用，少容人之量，固其所短，然其對馮嚴持不妥協態度，則為能見其大，非可以褊狹目之。

三十八、奉軍侵略東南之失敗

奉軍之乘勝入關也，其氣銳甚，大有目空餘子之概，不特京津一帶絕不容他人染指（故對國民軍著著進逼），即東南各省亦皆視為囊中物可以予取予求者。奉系將領本分新舊兩派，舊派主鞏固原有地盤，不必急圖發展，新派主向外擴張勢力，不宜困守一隅。而張（作霖）本人則贊成後者，其志之不在小可知。

當其與國民軍劃分駐區時，取津浦鐵路線而棄京漢線，即已露侵略東南之意矣。惟欲取東南，表面上不能不先得段（祺瑞）之同意，且東南地理民情均非奉軍所素習，亦不可無人為開其先，於是第一步乃以盧永祥督蘇餌段，而由張宗昌率奉軍護之到任，盧任其名而奉取其實，段、盧固樂從也。盧始尚嗛其潛滬舊部，乘機圖浙，但在盧未到任時，即已被孫（傳芳）繳械，不得逞。而齊（燮元）雖懼奉軍聲勢，先期離職而去，然猶集合舊部，謀與奉抗，終以勢孤，一敗塗地，殘部由蘇州向滬潰退，奉軍乘勝追擊，上海殆已入其掌握。孫（傳芳）對此次戰爭，本持觀望態度，及奉軍抵滬，懍唇亡齒寒之懼，極力支持滬總商會三項主張（即一上海不駐軍，二不設軍職，三將兵工廠他移），否則不惜出於一戰。段、盧恐戰事擴大，且亦不願奉軍過於猛進，從中力為斡旋，卒成立第一次江浙和平條約，由孫傳芳、張宗昌親自簽字，奉軍遂自滬撤退。

奉之於盧，不過一時利用，今見段、盧均不為己張目，感情自漸疏隔，卒使盧不能安於其位，辭職而去。始借盧而暗中侵略東南，盧既去，乃遂公然攫取矣。先是，張宗昌軍由滬撤至徐州後，張作霖即向段要求以之督魯，一方固以酬其此次南下之功，一方亦欲使津浦全線，悉歸己系控制（前督鄭士琦非奉系），以確立經營東南之基礎。即其對滬，亦始終不能忘情。適其時上海發生工部局槍殺民眾案，引起罷工、罷學風潮，乃以維持秩序為名，由張學良率兵二千人駐滬，旋又由姜登選、邢士廉統大軍繼之，上海實際又歸奉軍佔領。至是更發表楊宇霆督蘇、姜登選督皖，其勢力駸駸奄有東南半壁，在彼固覺躊躕滿志，詎知失敗之機即肇於此。蓋浙孫見奉軍再至滬上，已存戒備之心，及楊、姜連袂南下，益感威脅，雖楊尚高唱和平，然實因佈置未周，暫而出此，並非確切可恃。孫早覘其隱，為先發制人計，聲言討奉，五路進兵，楊、姜猝不及防，倉皇失措，乃下令蘇、滬、皖軍隊，同時撤退入魯，孫追亡逐北，直至徐州為止。始也具投鞭斷流之概，終也貽草木皆兵之嘲，亦可悲已。

綜奉軍此次失敗原因，厥有數端：防區過廣，兵力分散，一也；偏師圖遠，策應困難，二也；主客異形，勞不敵逸，三也；破壞和約，師曲為老，四也；兵紀不良（尤以張宗昌軍隊為甚），民情怨憤，五也。而其總因，則在徒中虛驕之氣，而無全盤計畫，雖欲不敗，其可得哉？後之用兵者，可以鑒諸！

三十九、林宗孟與郭松齡

郭松齡之反張（作霖）也，閩縣林宗孟（長民）實參帷幄，且同死於是役。林與郭素無淵源，何時而始結合，因何而相投契，論者惑焉。欲明此，不可不先溯林之生平，及其當時遭際。

清季閩人宦浙之有政聲者，為林迪臣（啟）、卓芝南（孝復）兩太守，及林伯穎（孝恂）、方雨亭（家澍）兩大令，皆能以開通地方風氣為務，其子弟多負笈海外，林即伯穎先生之哲嗣也。早歲遊學日本，入早稻田大學專攻政治，夙具宏抱，其父又力造就之，凡讀書交友之費，悉聽其用不少吝，一時同學多受其周濟。相傳當日中國學生有持物向日人質庫典質者，苟得林名刺一紙為介，其典價必較尋常為高，蓋主人知林素慷慨，即質者無力，林亦必代取償，無虞虧折也。林文采俊美，工書，偶作簡札，咸古雅可誦，日、英語均諳熟，喜交遊，人亦樂與接，與梁任公（啟超）、楊皙子（度）、黃克強（興）、宋漁父（教仁）諸人皆友善，即日本政客中之卓卓者，如犬養毅、尾崎行雄等，亦時相過從。或有詢林以黃、宋與君政見相左，君何與交厚若此？林曰：「凡政治家首貴器度恢宏，黃、宋皆當世美材，豈可以政治主張不同，遂並私交而廢之？且現今國中局勢瞬息萬變，安保兩派無殊途同歸之一日，則維繫私交，預留他日彼此溝通折衝之地步，未始非切要之圖。」聞者韙之。其時林聲華籍甚，甫卒業，各省督撫交相延聘，終以桑梓誼切，應福建諮議局之招，歸就書記長職，其在閩與舊勢力奮鬥情形，前已述及，茲不贅。

未幾，武昌首義，各省響應，孫中山先生當選臨時總統。林以宋教仁先生之薦，應召入京，甫抵下關，突有槍彈自人叢中發，直趨林，林亟伏地，彈掠身過，始免。蓋同盟會人以林夙主立憲，恐其與中山先生接近，欲殺之以絕後患也。林知不容於革命派，遂星夜出都。迨袁世凱任總統，同盟會改組為國民黨，林與湯濟武（化龍）、劉崧生（崇佑）等所創立之民主黨，亦與共和黨合併而為進步黨，議會中成兩黨對峙之勢。進步黨政策主與現勢力合作，期導入於憲政正軌，然迨覺其事與願違，則又急行捨去，其於袁（世凱）、於段（祺瑞）皆中道乖離，即以此故。林用心亦同，而態度或較和緩，有時且頗似戀棧，蓋其平生以才華自負，亟欲有以表見，又以政黨目的在取得政權，非萬不獲已，不宜自絕其發展之途，故在林主觀上，往往「有為」之成分多，而「有不為」之成分少。至其為政則戒敷衍，絕貪污，顯與官僚作風有別，任司法總長時，有某顯要（忘其姓名）以依附張勳復辟下獄，以十萬金賄林求特赦，林峻拒之，其風骨可以想見。嘗鐫一小章曰「三月司寇」，頗自喜，以其長司法恰三月也。

民國八九年以來，聯省自治之說甚囂塵上，有識之士漸注重地方，林亦有歸主閩政意。會曹錕逐黎（元洪）謀選總統，段（祺瑞）、孫（中山）、張（作霖）三角同盟，合力破壞，在津設機關，招致議員南下。余適因事赴津，晤段系閩人曾毓雋，曾請余勸議員勿附曹，且轉促林離京，因相與縱談時局，余謂：「本省人治本省，殆成全國一致要求，當段勢力全盛時，君等只圖把握中央政柄，於地方略不厝意，殊大失計。設當日能以全力經營閩省，自立一不拔之基，則其後中央雖失敗，君等寧遽窮促無歸？」曾曰：「君言良是，余（曾自稱）亦甚悔之，此次段老總

（段左右皆稱段為老總）果復出，余必首先注意乎此，其省長一席，且非宗孟莫屬。蓋余居北久，與南方氣候不習，每歸輒生病，仲毅（梁鴻志字）氣量偏狹，不足獨當一面也。」此不過曾與余私人談話，絕非為林離京條件，然余歸京則曾向林述之。

旋段再起執政，雖委林以中央各職（如憲法起草委員會委員長等），而林屢促餘以閩事詢曾，曾曰：「今閩勢力全在直（系）孫（傳芳），宗孟歸，何能為？吾方密謀收回駐閩海軍勢力（時海軍陸戰隊駐閩沿海，悉歸旅長楊砥中指揮，楊亦附直系者，後林建章殺楊，即伏因於此），藉以與孫抗，然後再行更易閩長。時機未至，願宗孟少安勿躁。」余以覆林，林則疑曾詞延宕，會閩各界力倡閩人治閩，舉代表進京請願，推林為省長。曾聞之，亟告余，謂：「老總素性，宗孟所知也，凡事只有由上而下（謂由中央自行選任），決不肯由下而上（謂由各省請願或舉人），煩告宗孟勿入旋渦，反致害事。」余雖據以語林，林弗納也。時執政府秘書長為梁鴻志，與林素不睦（梁曾任段芝貴之秘書長，段因某事與各方聯發通電，由梁擬稿，林當眾指其疵，毀不用，梁銜之），更從中梗之，而此事遂終於擱置。林怒曰：「彼輩以余必賴段始能為省長耶？」凡此皆足見林之性格，與當時所處環境，而為他日林、郭結合直接間接之原因。

郭松齡者，奉軍之第三軍團副團長，而全軍精銳所屬也。奉將領本分新舊兩派，舊派以張作相為首，於奉直第一次戰爭前，極得張作霖信任，獨專軍柄，及戰敗，漸失勢，由新派起而代之。新派外擁楊宇霆為首，內則又分士官派與大學派，楊宇霆、姜登選屬於前者，郭松齡、李景林屬於後者。楊、姜為老張（作霖）所器重，郭獨為小張（學良）所賞識。小張雖受父寵愛，而楊等則以其乳臭未乾而輕之，老張雖倚楊等為智囊，而精銳則獨歸其子，實際即歸郭掌握，因此郭遂大為同儕所嫉忌，與楊、姜感情尤惡。在第二次奉直戰爭中，曾因某事與姜衝突，至欲率部出關，以小張力勸乃止。迨戰爭結束，楊督蘇、姜督皖、李（景林）督直，即列在雜牌之張宗昌亦居然督魯，論功行賞，各饜所欲，而郭獨無所獲，終並欲求區區一熱河都統，亦為楊所厄，憤慨之情，殆可想見。

古來禍亂之成，常由於擁重兵而懷觖望，蓋觖望者亂之因，而重兵者亂之具，郭既挾此二者，而又內值可乘之機（楊、姜在東南失敗），外獲援助之友（與馮玉祥默契），欲求其不倒戈，得乎？聞馮日受奉軍壓迫，無可如何，久思就奉部下之與己接近者，授以衣缽，使之如己當日之制吳（佩孚）者制張（作霖），適探知郭觖望情形，視為絕好機會，乃伺隙遊說，而郭終墜其術中而不自覺。按當日馮、郭所訂密約，計共三款：（一）由郭通電請張（作霖）下野，擁張學良為傀儡，（二）由馮監視李景林，使不得出兵助張，（三）李果不助張，事成後當調任熱河都統，而以直省歸馮。觀此，則馮固用力少，而所獲豐，其居心亦云巧矣。

郭既決計反張，以欲舉大事，必先羅致政治人才，而其心目中所謂人才，只有一林宗孟。蓋彼素習軍旅，罕與政客往來，因曾於某次會議中，接林言論丰采，心嚮往之，故此時甚欲引為己助，奈乏雅故，苦難自達。適其幕下有閩人二，一為蕭叔宣（其煊），郭陸軍同學也，與郭部魏益三尤友善；一為李孟魯（景和），曾任曹錕秘書，曹敗，夤緣入郭幕，郭因以此意告之，且曰：「我於林，固欽慕久，但林曾長司法，今又任政府要職，未必肯為我助。」蕭、李力言林眼光遠大，志在事業，果公遇以優禮，披襟推誠，可致也。郭曰：「林果不我棄，我願執贄拜門下，事成，我主軍，林主政，決不食言。」

蕭、李乃相將謁林，婉申郭意，並謂：「奉軍精銳悉在郭，此舉百成而無一敗，果以公之才，而濟以郭之力，天下事何患不可為？」林遊移未決，蕭、李又令林弟檏初及弟子吳粹朝夕慫恿之。林之性格，遇事本偏於「有為」，又因閩省長問題，不滿於段政府，而於郭之以師禮相尊，視為平生惟一知己，以為果能使之言聽計從，舉東北之兵力、財力、物力，善為運用，不特可造福地方，且不難進而左右中央政局，庶幾多年懷抱之政治理想，得借此以漸期實現，故幾經權量，終徇蕭、李之請。郭旋即來京密謁林，執禮甚恭，林、郭結合，遂爾告成。

郭既得林之助，軍事、政治佈署略定，遂於十四年十一月二十二日通電請張下野，一面計誘姜登選至軍殺之，以泄平日之憤。二十三日率部由灤州向關外進發。張聞訊，倉皇失措，力謀抵禦，但郭軍猛甚，所至風靡，而熱河都統闞朝璽又出兵助郭，其勢益盛。至十二月十五日郭軍已進抵新民屯，瀋陽咫尺可望。張雖向吉、黑兩省告急，然援兵未集，而局已垂危。在此存亡呼吸之頃，日本忽出兵阻郭不令前，彼固非有愛於張，特視東北為其勢力範圍，無論何方，絕不容未得其同意，而為非常之舉也。然張則幸賴之以轉危為安。蓋郭軍受此頓挫，張乃得支撐時日，以待援軍之至。

十二月二十三日，兩軍大戰於巨流河，黑督吳俊陞所部騎兵，橫貫郭軍而斷之，使首尾不能相應，全軍遂崩潰。凡行軍司令部必置後方，而郭因瀋陽旦夕即下，且深知張兵力已失，決難抵禦，乃以之移置軍前，以此遂為張軍所猝乘。林在司令部聞槍炮聲自遠而近，覺有異，急遣弟子吳粹出視。吳出見形勢已非，不返報而逃，林久候吳不至，始皇遽離部。時大炮射程已及，林伏地蛇行，行未幾，以身披狐外氅，累墜不能前，擬卸去，首微仰，回顧，彈適中焉，毀其面之半，遂死。此為李孟魯事後所述。李與林偕逃，所伏處相距僅十數武，其言當可信也。郭夫婦皆被擒，立置重典。

聞此役郭事前曾告小張允功成擁襲父位，故小張始終不之泄，及是，吳俊陞以語老張。老張怒，呼小張前，詰之，小張無語，但叩頭，老張夙寵其子，佯作欲殺狀，吳窺其意，為緩頰，小張尚目注其父不少動，老張急以足蹴之曰：「還不謝謝吳老伯，視我何為？」所傳確否，以屬張家父子事，外間尚鮮注意。

惟林死後，世論頗多訾議，有謂段待林尚不薄，倒張即不啻倒段，非義所應爾者。又有謂郭於張為逆，「卿本佳人，奈何從賊」者，蓋我國人多好以成敗論人，林既不幸而敗，其蒙世詬病也固宜。獨梁任公輓林一聯，最為持平之論，句云：「不有廢，誰能興，十年罅漏補苴，直愚公移山已耳；鈞是死，庸奚擇？一朝感激意氣，遂捨身飼虎為之。」上聯自懺過去謀導現勢力於正軌，純屬徒勞無功。下聯「感激意氣」一語，實為林、郭結合之主因，非梁、林關係之深，安能言之真切若此？

余是歲秋間適因事返閩，迨北上抵滬，即聞林噩耗。使余在京，則林事前必商之余，以余當時見解，頗不以林之輕身嘗試為然，自必力加勸阻，則或以余一言而獲免林於難。林諸友中捨余外，能進諍言者，僅崧生（劉崇佑字）及余叔放園（劉道鏗字）。放園久在滬，崧生時固居京，然平日關於出處問題，與林意見恒相左，而性過嚴峻，林又不樂與商，其環林左右者，大抵皆欲依林以取功名。嗚乎！此林之所以死也。尤足異者，林晚歲書法益神妙，其求余轉丐林書者，指不勝屈，而余反以易得故，未藏其片紙。一日，林忽驅車枉過，出一箋面授余，曰：「此為他人求余（林自稱）書者，余自覺頗擅筆酣墨舞之致，不忍歸之，特以贈君。」余喜謝之，初不為意，乃越數月而林遽殞，豈區區者即為永訣之征耶？自故人宿草，此物久藏篋中，珍如拱璧，不圖往歲避亂來台，匆匆忘未攜取，今未審飄零何所矣，每一念及，輒用愴然。

四十、直吳再起與法統尾聲

自袁世凱稱帝以來，擁護法統之聲，洋洋盈耳，而每一次護法戰事告終，對此問題均未嘗根本解決。故護者自護，毀者旋又自毀，且同是護法，而彼此之間意見時或相左，久之，法統之說乃漸為人所厭聞。及曹錕賄選，國會受萬眾唾罵，廢棄法統，遂適成全國公論矣。惟吳佩孚頑強不化，依然以護憲自任，意蓋以十二年憲法為國會所制定，國人應共同遵守，且護憲即等於前此之言護法可資號召也。

吳於第二次直奉戰爭敗後，由大沽浮海南下，於南京下關晤齊燮元，略有商談，即赴漢，在漢用齊名義領銜，聯十省暨海陸軍將領二十餘人通電主在武昌組織護憲軍政府。齊否認既不便，緘默又不能，乃商由蘇省長韓國鈞發電反對，一面又由己與孫傳芳、蕭耀南等合電請段祺瑞執政，藉以隱示不贊同護憲意，吳雖無如何，而意見仍未回也。惟吳當時處境殊極困難，齊、孫對之既甚冷淡，蕭亦僅敷衍乏誠意，一時大有蹙蹙靡騁之感。幸而未幾奉、浙戰起，舊蘇軍師旅長白寶山、馬玉仁、鄭俊彥及鄂、皖、贛三省軍人紛紛通電討奉，並請吳出山，與孫共商大計，雖降吳伍孫，而吳聲威究賴一振。吳遂通電自稱受十四省擁戴任討賊軍總司令，並在漢口組織司令部，但孫既不願與之合作，而蕭又不肯以實力相助，徒擁虛名，仍屬一籌莫展。又幸而未幾郭松齡叛奉，吳以與張同受部下倒戈之害，頓釋前嫌，電張願共討逆。張亦以經此一役，實力不免稍形削弱，恐勢孤或為國民軍所乘，乃定聯吳敵馮之策，遂予吳以再起機會。

吳潛力本多在豫，其舊部如王維城、王為蔚、田維勤等，雖為豫胡（景翼）所收編，而究非所願。時王等方由豫將李紀才統率入魯，謀驅張宗昌，吳乃令靳雲鶚到魯，陰與聯絡，王等遂離李歸靳，張宗昌亦為靳助。李敗退豫境，靳乘勢進攻，占開封，豫督岳維峻（胡死岳繼）奔鄭州。先是吳遣寇英傑率五混成旅攻信陽，經月不能下，乃繞軍出信陽後，占郾城、許昌，斷信陽接濟，鄭州亦東南兩面受敵，不能守，岳不得已西退洛陽，又為紅槍會所困，全軍潰散，豫省至是盡歸吳掌握。靳在魯時，即與李景林、張宗昌簽訂聯合條約，靳占鄭州，李軍已突過馬廠，天津形勢驟然緊張，未幾靳前鋒亦進石家莊，北京更大震動。防守京津一帶之國民軍將領鹿鍾麟，見情勢日非，遂棄津，集大軍固守北京，聯軍又進圍之，乃全部向西北撤退，扼守南口，吳、張先後抵京，化敵為友，握手言歡矣。

吳既再起，自欲貫徹夙昔主張。而久蟄思啟之國會議員，以機不可失，亦群起以謀死灰復燃，一時法統之說，頗引世人注意。時段已棄職離京，吳力主曹錕復位，否亦須由曹在位時之國務總理顏惠慶攝政，張堅持不可，議久不能決，終乃定顏之攝政內閣成立後即辭職，尤其任命杜錫圭以海軍總長代理國務總理攝政。曹之復位與顏之攝政，本為恢復法統之前奏，乃首先嘗試，即已格不能通，則其他之難於折衝，亦可想見，於是重經一度醞釀之法統問題，遂從此成為尾聲矣。

四十一、林白水死於胥囊

林白水名獬，字肖泉，閩之侯官人。少習制藝，才氣縱橫，而不中繩墨，以故每試輒不售，棄遊浙中。時閩人林迪臣（啟）先生方為杭州太守，月以策論試諸生，林輒名列前茅，文譽驟起。在浙創辦《杭州白話報》，旋又在滬辦《婦女白話報》，均頗風行一時。其撰文皆署名「白水」，於是人咸呼「林白水」焉。鼎革後，隸共和黨，曾任該黨福建支部長，及該黨與民主統一兩黨合併為進步黨，始離閩入京。

袁氏稱帝，林曾撰表勸進，頗為識者齒冷。袁敗，林益落拓，乃絕意政治，從事報業，自辦一《社會日報》。時北京著名報紙《晨報》、《益世報》等，均日出兩大張，內容力求翔實豐富，其首條新聞多采夾敘夾議體裁，社論或付闕如，即事關特別重要，須著論評騭者，亦純取善意態度，絕不對於私人妄加抨擊。《社會日報》則反是，日只出一張，且字大行疏，空洞無物，但日必有白水所撰之社論一篇，中多涉及權貴私德問題，形容備至，不留餘地，以此亦頗受一部分讀者歡迎，茶餘酒後，引之以資談助。林所以如此者，固其素性喜然，半亦藉為生財之道。故即與林素稱友好，果其地位資力稍出人上，而又有隙可乘，必不為林筆下所饒恕。

張弧（岱杉）於清末，曾在閩佐姚文倬（福建提學使）辦學務，聞林名，特電滬招之歸，於四城設四小學，聘林董其事，交誼不可謂不厚。後張在京夤緣任財次，旋又升財長，於林時有資助，然仍不能盡滿林欲，林乃於《社會日報》上著論詆之，大意謂：「今之財長，吾未悉其有何理財計畫，但見其臉上時現有幺二三四各碼字而已。」蓋張喜賭攤，故林以此嘲之也。張雖憤甚，然卒無如之何。張之後有潘復，與林亦素稔，曾以財次署財長，固常應林之求者。罷官後，頗悒鬱，會奉軍入關，潘以張宗昌關係，力謀得疏濬黃河督辦，但有虛名而無實位，自不能饜其望。未幾張（宗昌）率直魯聯軍與吳（佩孚）部合力驅馮，以功大得奉張（作霖）寵任，入京住潘家，時吳、張均未到京，無佛稱尊，聲勢傾一時，潘視為機不可失，媚之甚至，出入必隨。不知以何不滿於林，於報上諡之為「腎囊」。蓋潘字馨航，與腎囊音近，又俗譏隨人不離者為腎囊，謂其累墜徒招人厭也。自此二字出，於是有語及潘者，皆不馨航而腎囊矣。

潘恨之刺骨，誓必殺林而後已。然此莫須有事，究不足以構成大罪，知張（宗昌）嫉共產黨甚，乃進讒於張，謂林某乃共產黨重要人物，其辦《社會日報》，即宣傳社會主義，不去之，後必為禍。張信為然，下令憲兵司令王琦捕林。林是夕方自海軍俱樂部宴會歸，就煙榻（林煙癮甚大）構思社論，聞扣扉聲甚急，出啟扃，見便衣二人，問：「汝是林白水否？」林曰：「何事？」曰：「司令請汝談話。」語畢即挾登車駛去。林以辦報，常受警廳拘傳，家人亦習為常，惟是夕微聞「司令」二字，知事較嚴重，四出採訪，竟莫得端倪。揣此事或與張有關，有閩人李律閣（名宣威）者，張之博友也，乃浼其向張陳說。張見李即問：「汝深夜來此，殆為林白水耶？」曰：「然，惟未知彼有何開罪大帥？」曰：「我與彼素無仇怨，但聞彼乃共產黨，我必殺之。」曰：「大帥何以知為共產黨？」曰：「彼辦《社會日報》，宣傳社會主義，非共產黨而何？」曰：「彼果為共產黨，我亦欲殺之，豈唯大帥。惟彼實屬冤枉，彼之以『社會』二字名報，乃欲表明其為社會服務之意，與社會主義實毫不相涉，請求明察！」張默然良久，曰：「汝言不錯，赦之可耳。」李請張下諭，張曰：「你代書，我蓋印。」印畢，即遣人送往憲兵司令部。

李大喜過望，以為林幸得不死矣。詎意張手諭到部，而林已遭槍決。蓋潘聞李謁張，即知其為林而來，急以電話致王琦，促速解決，因王之地位得自張，而其所以受張拔擢則由潘介之也。林既死，輿論界竟嘿無一言，無敢為其鳴冤者，此足見當時軍閥威力之大，至張以一外省疆吏（山東督軍兼直魯聯軍總司令），在京師並無維持治安職責，而竟擅越職權，妄操生殺，政府及奉軍最高當局亦置若罔聞，不加裁制，紀律敗壞，於斯已極！此且不具論。但就林之死因言之，與其謂為死於張，毋寧謂為死於潘，而潘之所以必致林於死，則由於「腎囊」二字，故曰林白水死於腎囊。

四十二、記張宗昌

張作霖於第一次直奉戰爭敗後，在關外竭力經營，用新人，練新軍，購置新武器，宜若能蔚成勁旅，一舉揚威關外者。乃第二次直奉戰起，奉軍悉精稅向關內進攻，與吳（佩孚）軍相持日久，竟不能越雷池一步；而李景林、張宗昌所率之第二軍，在奉方初意本僅用之以牽掣吳軍者，反迅速發展，尤以張（宗昌）所部最先抵達冷口，使吳軍之在山海關者，大感威脅，否則即有馮玉祥之倒戈，而戰爭尚未必能遽行結束。故就奉方言，此役實以張為首功，張亦以此一躍而取得魯（山東）督。其後孫傳芳起兵討奉，繼以郭松齡叛變，老張進退失據，幸賴張始終效忠，乃獲轉危為安，則在此時期，張實不失為一風雲人物，而有一紀其生平之價值也。

張山東掖縣人，父業吹鼓手，住鄉間一破屋中。某日薄暮自外歸，饑甚，就爐煎粥，而火久不生。一貧婦過見之，笑曰：「男兒安得習此，代勞何如？」張父諾之。粥既熟，相與進食，自是常往來，遂成夫婦，無何生張。張父以妻子累，益苦貧，至不能給饔飧。婦迫於饑，持木棍伺僻徑，謀奪食。適一人手持烙餅十餘枚踽踽來，天昏黑不能辨誰某，急當頭一棒，乘其暈，攫餅歸，腸略果而張父返，連呼晦氣，婦問之，具告以故。婦曰：「擊汝者，我也，幸餘餅猶在，可取食。」張父詈曰：「雖饑，奈何為此？可速去，吾不婦汝矣。」婦大怒，遂絕去。

張既長，以為人放銃為生，蓋俗每值慶吊事必放銃也。旋棄去，充某衙署門衛。其地商會會長某有一女，見張悅之，為某所覺，禁不許通，女乘間走依張。某怒鳴之官，官拘張及女至，女手持琵琶，自供已入北里，並在公堂彈唱以證實，蓋藉此辱其父，使不能再領歸。女與張相處數年，一日忽欲去，張怪之。女曰：「我在，汝有所戀，不自圖奮發，是誤汝也。」遂行。張隻身飄泊，輾轉至東北某地，事扒金，時金價昂，所入頗不惡，乃另娶某商人女為婦。婦亦勸張取功名，於是負金沙兩袋，相將入關投效某軍隊。初事馮國璋，馮任總統尚挈之入京任侍從武官，馮死仍隸直系，曾率隊駐防湘西，歸吳（佩孚）指揮。迨吳由衡州移師北上討段，張部以力單，退入贛境。贛督陳光遠慮其難制，以計解散之，乃謁曹（錕）求用，曹諾之而久未發表，遂往投奉。奉張委為旅長，然亦徒擁虛銜而已。

會直奉大戰，奉軍敗退，吉督孟恩遠率兵躡其後，與直軍相策應，奉張大懼，問諸將誰願往當者？張奮身自任，遂遣行，並撥八列車供運兵用，實則張部僅四五百人，沿路招收土匪，以益其數。孟部本極窳腐，不堪一戰，聞奉軍至，悉奔潰，張直追至俄邊乃止，以功授該地鎮守使。其時俄國正大革命，白俄軍人多攜械逃入華境，張悉予收編。故張部極為複雜，有華人、有俄人，有土匪、有正規軍，器械亦新舊不一，然戰鬥力則頗強，每戰張又能身先士卒，此所以於第二次直奉戰爭克奏首功也。

張既貴，迎養父母（時父已另娶）於署中，以其生母誓不與張父相見，乃別治第宅以居之。張晨昏定省，曲盡孝道。未幾，其下堂之婦亦至，張大喜，欲為買宅購器具，該婦力止之，謂張曰：「我前之離汝而去者，為汝計也。今汝既富貴，則吾願已遂，此來專為視汝，別無他意。汝才能致富貴，而不能處富貴，勿驕勿縱，守紀愛民，此處富貴之道也，汝宜勉之！」遂辭欲去，張堅留之，婦曰：「汝今正妻在室，姬妾滿前，何所用我？且我去汝必愈念，彼此長留不盡之情，不勝於久而生厭耶？謹守我言，即為愛我。」竟去。

至張之生母，於張失勢赴日後，尚居京。「九一八」事變將起，舉朝酣嬉，彼獨往謁張學良，告以日本對於東北將有大舉動，宜預加嚴防，勿鬆懈！學良不聽，未幾其言卒驗。後張應學良電招，由日本返京，以為當畀以重任，實則學良恐彼為日本利用，但以虛禮羈維之而已。張在京正侘傺無聊，會山東韓復榘以石友三為介，邀張往商大計，張亦派參謀某往報聘，事為其生母所聞，力誡張勿輕動，動必有奇禍。張不聽，母不許張出門，至欲以身橫臥大門前，以阻汽車出入。參謀某至魯，彼此已成議，張遂乘母不備，乘京滬車南下。詎某偶於韓客廳見懸一相片，認系前在徐州為張所殺之鄭金聲，忽大驚悟，急乘車北返。抵津，以饑甚，飯後始轉京，即以此一遲延，某抵京而張適赴津矣。張到魯，韓盛宴款待，各將領均在座，酒數巡，韓提議謂：「聞孝昆（張字）先生精槍法，能兩手持槍併發，請一表演，以開我輩眼界。」張允諾。演畢，以槍置幾上，眾咸贊其技之妙，韓獨持槍把玩，歎為精巧。張曰：「君喜之乎？即以奉贈何如？」韓亟稱謝。

張在魯數日，見韓無表示，知有異。左右咸勸其微服出走，張曰：「此間人幾無一不識我，焉能逃耳目？欲去不如明白去。」乃往別石友三，托其向韓致意，率同來僚屬逕赴車站，石亦來送行，匆匆數語，即避去。張欲上車，有彈自車中發，張從左車門上，右車門下，向前奔，步闊而迅，刺客追之弗及，欲發槍，彈縶卡不能出，幾被脫矣。刺客忽為車軌所絆，僕地，槍受震，彈自發，中張，刺客又連發數彈，乃斃。在場者微聞有人呼曰：「我鄭金聲子也，今日始報父仇。」張一衛兵亦受傷，舁往醫院，翌日死。刺客則為憲兵所逮，如何處置，終無有知者。據聞韓與鄭關係極深，鄭之喪，韓為執孝子禮，其致張於死，皆韓預布羅網，刺客亦未必即為鄭子，特故為此以圖掩飾耳。張既死，韓給賻二百元，草草成殮，其靈柩則由張舊屬運回北京云。

以上所述，為張之秘書某告余者，其言當較可信。平心而論，張亦非全無足取，只以不學無術，致終不免於禍國殃民，豈獨一張而已？當時軍閥中如張者，恐比比皆是，無怪乎軍紀、政治日趨敗壞也。惟張之生母與去婦，一則出身微賤，一則行為放蕩，而皆能見微知著，具有卓識，可不謂非奇女子哉？

四十三、吳佩孚汀泗橋之敗

吳佩孚之再起也，其實力已遠不如前。以全系情形言，此時齊燮元已告失敗，而孫傳芳地位則扶搖直上，擁有五省地盤，大有不甘居人下之勢，蕭耀南對吳雖外示擁戴，仍屬貌合神離，故吳實際上已失卻直系領袖資格；以軍隊情形言，此時直接歸吳指揮者，只有靳雲鶚、寇英傑、田維勤諸部，戰鬥力均不甚強，故所謂吳大帥之聲威，亦不過虛有其表而已。為吳計者，正宜乘此時機，一面紆尊開誠，與直系疆吏力謀團結，一面埋頭訓練軍隊，以恢復第三師之規模，方為上策。乃不此之圖，徒欲虛爭體面，始則主曹錕復位，繼則謀維持憲法，迨均不成，不得已乃於攝閣名義之下，與奉張平分政權。至其對於孫、蕭諸人，依然以長官自居，發號施令，毫不顧慮其誠意服從與否，不特於己系為然，即視奉系將領，有時亦儼同部屬。吳於擊敗馮軍進京時，有一次適值奉方召集關內將領會議，吳亦設宴款待，並邀直系將領作陪。客既集，主人先向之大談中國舊道德問題，隱寓訓勉之意，語刺刺過午尚未休，在座者均饑不能耐，乃由張宗昌起謂：「大帥偉論，直等對牛彈琴，不如早賜盛饌，任大家推推牌九，逛逛胡同，轉易聯絡感情，交換意見。」吳聞言始命開宴。在吳此舉或於當時奉軍風紀有所不滿，欲藉以稍加糾正，不知權力不屬，空言究亦奚補？令人轉覺長腿將軍為快人快語也。

吳既未改其自大剛愎之性，又以恨馮甚，正傾全力指揮南口軍事，而南方烽火已告緊矣。先是，國民政府於黃埔建軍成就後，即下動員令，於十五年七月由廣州出發，攻入湘境，吳尚不以為意，蓋平日視國民革命軍為微弱不足道，不難一鼓蕩平也。迨八月十四日南口攻下，嶽州、平江一帶已悉為革命軍佔領，且進入鄂境。其時鄂督已易陳嘉模，疊電向吳告急，吳始匆促南下，兩軍相持於汀泗橋，該地距武昌百二十里，吳則親駐賀勝橋督戰。革命軍以第一軍當正面，人數約萬餘，僅及吳軍之半，第四軍李宗仁所部任側面，與吳軍一旅對峙於黃本立（村名）。戰既起，革命軍以吳軍炮火較優，乃組織敢死隊，奮勇力衝，前仆後繼，歷十餘次，吳軍均不為動，幾退矣，有主姑再一試，果仍無成，退猶未晚，詎只此一著，遂決兩軍勝負。蓋吳軍雖號稱三四萬，而能戰者實少，惟前第三師軍官千餘人，吳將其編成一隊，為全軍之最精銳者，革命軍敢死隊屢被殲滅，胥此輩之力，然經十餘次之殊死戰，全隊亦損傷略盡，故及革命軍最後衝鋒，已難獨力抵禦（聞該軍官隊於是役全部戰死，僅餘一人因傷被俘），其餘部卒懾於革命軍之勇猛，皆卻顧不敢前，革命軍以大軍乘之，遂驚潰。

吳初不料其敗如是之速，迨敵軍已逼，乃倉皇乘專車遁，車過處，敗兵咸攀援欲上，衛士呵禁弗能止，急揮刀砍其臂，人紛紛隨臂墜，宛轉呼號，慘不忍聞，繼者尚爭先恐後，一時沿路斷臂無算，令人憶及《左傳》「舟中之指可掬也」一語，情狀正復相同。先是，吳檄調駐川宋大標旅來鄂增援，至即輸赴前線，乃不待交綏，遠聞槍聲，遽遁歸武昌，蓋其兵車置車頭二，一向前，一向後，固早無鬥志也。惟駐黃本立一旅，則確擊敗李部，遣人向吳報捷，至，始知吳已敗逃，急回報，迅速繞道撤退，比革命軍往招降，已遠去矣。

自此一敗，吳之政治軍事生涯，遂告結束。揆其敗因，約有三端，內部不團結（孫傳芳坐視不出兵），一也；缺乏基本軍隊，二也；傲慢輕敵，三也。而此諸弱點，於吳再起時即已暴露，又豈待敗而後知哉？

四十四、日人炸死奉張之真因

張作霖以綠林魁傑，受東督錫良招撫，與馮德麟、吳俊陞同任東北舊巡防營統領，分駐各地。辛亥革命軍起，繼督趙爾巽恐新軍有異志，欲借張以資牽制，乃調之入省。旋新軍嘩變，遂將巡防營改編為二十七、十八兩師，升張任二十七師師長，馮任二十八師師長。在張錫鑾督奉時，張、馮對之尚極恭順。迨袁（世凱）將稱帝，改任其心腹段芝貴為奉督，因其與張、馮無關係，於是此兩師長遂一變態度，漸不服其節制，但對袁則仍示擁護。張曾電請袁早正大位，並願出兵征討西南。段本視張為眼中釘，乘機密請袁調張率兵赴湘，張亦久欲取段自代，徒以實力未充，有所顧慮，至是遂以出師為詞，向段請餉械。及既償所欲，則陰嗾商會電袁請留防，而對段脅迫愈甚，且其時討袁軍已四起，張不特不再敷衍袁，竟欲宣佈奉省獨立，以促袁退位。段見此形勢，知難立足，急求去以讓張，袁亦思藉為籠絡計，遂發表張為盛武將軍督奉，兼巡按使。張既得隴，又復望蜀，陰助許蘭洲，驅朱慶瀾，拒畢桂芳，以達成己系督黑（黑龍江）之計畫，此為張在東北攫取軍政大權之經過情形也。

自是以來，張不獨在關外威權日張，有東北王之目，且在關內每一戰役發生，張均屬主要人物，因此奉軍勢力之消長，影響常及中央政局，而張亦一躍而為全國性人物矣。至張在民國史上功罪若何，則可分為中央與地方兩方面而加以論斷。

其在中央方面，靡特毫無貢獻，且須負相當罪責。蓋張野心過甚，不以統治三省為滿足，必欲問鼎中原，而力又有所不及，於是不能不聯甲以攻乙，迨乙倒而甲張，利害衝突，復不能不聯乙或丙以攻甲，以致戰事相尋，迄無寧歲；即暫時相安無事，而難以相容之勢力互相牽制牴牾，亦使政局陷於飄搖停頓，末由進展。且張固頗思振作有為，而於舊時生活習慣，尚未能洗滌淨盡，性好豪賭，常與部下以此為樂，通宵達旦，一擲數十萬金。其惡習隨奉軍入關，蔓延及於政界，達官貴人相與組織俱樂部，以從事乎此，甚有視為終南捷徑者，遂使政治風氣，日趨於放縱頹廢。又因力事擴軍，不免兼收並蓄，不但派系不一，即軍紀亦難期整肅。凡此皆奉軍所以招人非議，而張數度入關終難得志之原因也。

至其對於地方，則確有不可沒之功績在。東北自日俄戰後，民不聊生，盜賊蜂起，清季歷任總督，力謀恢復元氣，迄未著效，然自經張逐年整頓，居然能使秩序日漸安定，地方日益繁榮。觀於張統治期中，東北人口增加至二千萬以上，其中且多自關內移住而來，即可略知其景象矣。據聞在二次大戰前，德國有一蠟人館，館中所陳列之蠟人，多肖當代有名人物，中國要人亦被羅列在內，張以東北關係，獲居其一。每蠟人旁均豎一牌，略載其人出生、經歷，現在地位，以及一切措施。在張記載中，雖微含譏諷意，惟於東北人口增加之速，則頗表驚異，謂此為政治家應加注意之問題，可見即外國人亦尚不否認張之此項成績也。尤以東北處日人威脅之下，凡政府一舉一動，在在受其干涉，然張統治二十年中，尚能不屈不撓，築鐵路，興兵工廠，練軍隊，辦實業，舉凡有關交通、國防、經濟等事項，毅然次第施行，其才略識量，確有非尋常所能及者，乃卒以此不畏強禦之精神，而罹他日慘死之禍，此則吾人所深寄同情，而應為表彰者也。

惟日人忌張已非一日，何以不殺之於前而殺之於後，何以不殺之於在奉之時而殺之於歸奉之日？且當郭松齡叛變，張之形勢已岌岌不可終日，何以不落井下石，而反出兵新民屯，若故為張保護者然？蓋張雖不為日人利用，而日人則無日不思用張，非至終不為用，尚不肯出於最後一舉。然則日人之欲利用張者何耶？讀者應憶當國民革命軍奄有東南，乘勝北伐時，日本不嘗出兵濟南，冀圖阻止乎？蓋日人深忌中國統一，尤忌為革命軍所統一，其欲利用張者，無非欲張舍東北而傾全力與革命軍周旋，為南北統一之梗而已。故當張見形勢日非，急欲回奉以固其根本重地時，日人曾再三勸告，略謂：「東北可保無事，請寬後顧憂，中原方急，大元帥正宜坐鎮指揮，豈容輕離？況探聞革命軍遍佈刺客於京奉路，此行危機四伏，務請三思。」同時對張左右，且有「歸必無幸」之語，蓋已隱示順我則生，逆我則死之意矣。奈張堅不之納，彼知張之終不為用，乃決殺之以絕後患。

計當時與張偕行者，有黑龍江督軍吳俊陞、國務總理潘複，及奉系閣員劉哲、莫德惠等。潘車在前，為藍鋼板製成，張車繼之，為紫鋼板製成。吳與張同車，劉、莫等則居後。潘到津，臨時展行期，其專車則由劉、莫移住焉。車行抵皇姑屯，是處為京奉路與南滿路交叉點，南滿路在上，京奉車則穿洞而過，紫鋼板車甫入洞，轟然一聲，炸彈突破洞而下，適中焉，吳立死，張受傷甚重，劉、莫亦微傷。張舁入醫院，但云此必日人所為，氣遂絕。而依情形判斷，炸彈發自南滿路界內，以日人平日戒備之嚴，豈有容他國人活動餘地？況其事已為日人所預知，但使稍加防範，何難事先破獲？今竟不然，則張之死於日人，已成鐵案。述之，以見當時日人居心之狠毒，而張以綠林出身，尚知愛國家、愛民族，寧死不為外人利用，亦足以愧世之達官貴人、智識階級甘心附逆、賣國求榮者矣。

四十五、孫傳芳自致敗亡

小站軍閥（北洋軍閥，其基礎實奠於袁世凱之小站練兵），自袁死後分為皖、直兩系。皖系始於段而終於段，直則由馮而曹而吳，而以孫傳芳為之殿，卒亦皆敗。諸人敗因，前既分述之矣，孫之敗亦可得而言焉。

孫在直系，本屬後起，其首露頭角，在於第一次奉直戰後，主張恢復法統一電。其時孫尚不過一長江上游總司令，駐兵鄂西，位望並不為人所注視，何以忽發此電？其為曹、吳授意可知。曹、吳不以此屬之直系各疆吏，而獨以屬之孫，其對孫之引重又可知。故未幾而孫督閩之令遂下，則孫固曹、吳之嫡系也。然閩省派系極為複雜，段雖已倒，而段系將領之在閩者尚有王永泉、臧致平輩，其勢力均不可侮，致孫經營年餘，終難得志。後賴周蔭人之力，驅王逐臧，閩局始略安定。孫為酬庸計，乃以閩督讓周，而自任閩、粵邊防督辦。蓋孫本不以得閩為滿足，周為孫部屬，以閩畀周，先占一地盤，而己尚可另謀發展也。適不久而江、浙戰起，孫遂由閩邊進兵，戰敗浙盧而取其位，此雖由孫自立戰功，然比年以來，曹、吳實翼護之。

詎孫勢力漸張，而吳勢力遽倒，由津浮海南下，蹙蹙靡騁，孫對之殊淡漠。及奉軍侵略東南，群情憤激，直系在野軍人聯名通電，擁吳為討賊總司令，與孫協力作戰。孫雖未表反對，而於吳則辭謝協助，其不欲吳之分其功，顯然可見。厥後吳之聯魯張取豫，聯奉張驅馮，孫皆超然事外，即吳間或向之求助，亦未嘗一應。吳既再起，仍以直系領袖自居，發號施令，而孫則始終以不即不離之態度處之，識者早知直系中已隱形兩壁壘，不復有合作之可能矣。果也，國民革命軍進逼武漢，吳檄孫調兵赴援，孫不獨袖手旁觀，且與革命軍暗中妥協，互不侵犯，卒使吳有汀泗橋之敗，以至一蹶不振。

論者謂，吳之敗實由於兵力不敷分配。蓋吳軍之戰鬥力較強者只有兩師，一為陳嘉模所統之第二十五師，一為劉玉春所統之第三師。陳師以一旅守平江，一旅則駐防武昌，在前線者僅劉部而已，餘皆不堪一戰，故及第三師之軍官隊死亡殆盡，而全軍遂崩潰不可收拾。然陳（嘉謨）以第二五師之一旅及殘餘部卒，據守武昌城，革命軍率全軍圍之，且有飛機助戰（聞革命軍時有俄機兩架，其一誤落江西孫軍轄地，被俘獲，其一則在武昌助戰，曾三次繞飛武昌城未投彈。詢其故，據駕駛員云，以革命軍遍佈山頭，與城太迫近，投之恐誤傷己軍，須略退數里方可，而革命軍則願受波及，不肯退，卒投數彈，並無誤傷，但城中亦無甚損失，則以炸彈太小故也），尚相持至百日之久，始獲攻破（聞因有城內一部分軍隊通款），假使當時孫肯稍加援助，則勝負之數正未可知，乃孫偏作壁上觀，是吳之敗，實孫故致之也。

孫為人頗具才略，而野心過大，當督浙時，尚能禮賢下士，與各方相結納，即治軍、治民亦著有成績。自一戰勝奉，奄有五省地盤，態度漸變。孫曾電約吾友某君（姑隱其名）到寧，商量大計，某抵下關旅館，以電話達督署，告以已至，以為孫必親自來訪，或派汽車迎接，詎僅尤其左右傳語，謂：「大帥軍務倥傯，難即延見，請俟定期通知。」某怒其乏誠意，不辭而去，語人曰：「孫傳芳器小易盈，敗不旋踵矣。」即此已足略窺孫趾高氣揚之慨，其置吳不救，亦坐此病。蓋孫自以奉軍天下莫強，吾遇之且如疾風掃籜，餘子碌碌，更何足道，故其心目中不但無吳，且無革命軍。徒以夙隸吳麾下，表面上終須稍讓一籌，方喜有革命軍出，正可假手倒吳，然後再由己起而平夷大難，則直系領袖舍己莫屬。豈知吳之敗，在於兵力不敷分配，而孫兵力不足以防守五省地盤，亦與吳同。當彼由浙出師攻奉時，以浙之軍權委諸本省人夏超、陳儀輩，在彼固屬權宜之計，而敗機已伏於此矣。吳既敗退武漢，孫以時機已至，遂不再與革命軍妥協，而革命軍此時亦不容許其妥協，兩軍在南昌附近，開始接觸，於戰事方酣之際，革命軍忽由閩南進規浙江，夏超、陳儀等均陰與通款。孫知其不可恃，急由南昌分兵防守，而南昌方面之兵力頓形薄弱，遂為革命軍所乘，不得不由武穴退回南京。十六年三月，革命軍進逼南京，孫乃又棄南京而退至江北，至是始知革命軍之不可侮，獨力絕不足以幸勝，因與奉軍聯合，於是年八月向南京猛進，始勢銳甚，終以在龍潭方面為海軍所扼，全師未能源源渡江，致遭慘敗。自是孫遂依附奉軍，苟延殘喘，不復能再起矣。

總之，吳、孫兵力均感不足，合則兩利，離則兩亡，是孫之致吳於敗，實不啻自致其敗也。此以見大難當前，首貴團結，凡挾私以排異己，孤行而昧大勢者，皆非所以謀團結之道，而自瀕於危亡，如孫者可以鑒矣。

四十六、馮玉祥終自食其果

北楊軍閥中最乘機取便，善於變化者，莫馮玉祥若。馮自對曹（錕）吳（佩孚）不滿後，即欲別圖結託，免陷孤立，適國民黨亦利用軍閥內部發生分裂，乙方有隙可乘，故於馮態度，殊深注視。當江、浙戰爭將起，馮曾請率兵援蘇，為吳所扼而止，馮極憤恨，國民黨即已派人說馮，勿再為曹吳出死力，兩者關係，實自此始。迨第二次奉直戰爭，馮蓄志倒戈，而又虞力薄，因在前線之胡景翼，與在後方任北京警備司令之孫岳，均為國民黨員，乃由國民黨為之暗中牽合，聯合一氣，而馮之計畫，遂獲順利完成。其軍隊稱國民軍，分三軍，馮自任總司令兼第一軍長，胡、孫任副司令，分兼第二第三軍長，然馮此時猶不過與國民黨接近而已，並未加入為黨員也。其後鑑於各方形勢均於己不利，乃決入黨。其逼清帝出宮，及陰護學潮，殆皆秉承國民黨之意而行。使馮果由此效忠無貳，則在軍閥中尚不失為有眼光、有主義者，人孰得而非之？乃自被直、奉兩軍驅至南口後，又投入共產黨懷抱，餉械俱由蘇俄接濟，以此得與直、奉相持，而不至於殲滅。迨吳為革命軍所敗，馮乃由潼關出，收吳部靳雲鵬等為已用，藉以擴張聲勢，革命軍亦引之為同志，相與聯繫，國民政府且畀以相當名義及地盤，雖國民黨右派中人頗以馮屬共產黨為疑，某某要人曾以此質馮，馮終矢口否認，遂亦無人深究之也。惟馮仍不以其所居地位為滿足，輒乘國民黨內部意見紛歧，舉兵叛亂，幸中央應付得宜，卒歸消弭，而考其所以難於逞志者，亦自有其原因在。

蓋馮平日御下極嚴厲，雖高級將領，偶忤旨，懲罰不少留顏面，貌刻苦廉潔，若真能自樹模範者，其將士多來自田間，智識咸出馮下，故其始實甚畏服之，久亦漸知其刻薄權詐，而離異之心遂生。聞有一次中央某要人約馮某地會晤，雙方分住東西列車，某要人清晨過訪馮，見車門口荷槍而立者，類韓復榘，垂首幾至胸際，時韓已任軍長，疑錯認，細審果韓也，後探知韓方以某事偶疏失，故馮罰其執此役，亦虐謔矣。又一次某公奉中央命，與馮商要務，先晤由馮部石友三轉達，時石駐地，距馮總司令部，約半日程，石當即具報告向馮請示，而令其左右一少年類傳令兵者賫往，少年才啟程，石忽脫去軍服，謂某公曰：此子去，吾屬無患矣，呼盧喝雉，招花縱酒，惟公所欲，吾當盡東道誼，明日此時，再復故態，未晚也，蓋此少年職位雖微，而為馮所設以監石者，石固畏之殊甚，然其不耐之情，已溢言表。尤足噱者，馮曾下令軍中，不許攜眷，一日忽報其夫人乘舟至，馮大怒，謂：吾方以此懸禁，奈何自干犯，命左右止勿登岸，並抬箱籠數隻至舟中，令攜歸。在馮方自得意，以為此舉可掩天下目，豈知翌日軍中即盛傳箱中滿載罌粟？夫人蓋即馮招之來，而又麾之去，既可炫其軍令之嚴，而又便於轉運違禁物也。馮之部屬既漸窺破其主將之性情伎倆，中央又從而懷柔之，宜乎韓石等之不復為馮用，而馮亦遂無能為矣。

然中央對馮仍始終加以優禮，使馮能永戢雄心，固依然一黨國元老，乃因共匪氣焰驟張，又思利用舊時與蘇俄之關係，妄圖狡逞，不知蘇俄前此以餉械相資，原欲借之以為侵略中國之具，而馮既未為用，且於國民黨清黨反共之際，俄人員之經馮防地返國者，悉極淡漠遇之，彼方啣馮而未得報復之機、乃馮竟自投虎口，豈非利令智昏？故識者聞馮由美赴俄，即決其萬難倖免。

嗚呼，馮以倒戈著稱，而終遭部下之離異，以反覆自喜，而終遭蘇俄之暗算，亦可謂自食其果者矣。

四十七、張學良誘殺楊宇霆

張作霖身死未久，而生前最寵任之楊宇霆，竟為其子學良所誘殺，小張何以必須殺楊？殺之何以必以計誘？以楊之足智多謀，何以墜孺子術中而不之覺？凡此皆為外間所深滋疑惑，而應一加紀述者也。

小張之欲殺楊，其機非動於老張既死之後，而實萌於老張未死之前。蓋楊雖任奉軍總參議，老張對人則均以「參謀長」稱之，凡有向老張建議或白事者，老張必曰：「汝可與參謀長商量。」大抵關於軍事、政治、外交事項，楊殆可全權處理，惟財政歸奉省長王永江負責，因此人咸目楊為老張之諸葛亮，楊亦儼然居之不疑。但老張究非劉先主比，日惟為阿斗擴張實力，絕未存他日托孤之心。而所謂阿斗者，對於「今亮」不特不心悅誠服，且頗厭其妄自尊大，此即楊與小張間未能融洽之始因也。益以小張所信任之郭松齡，與楊殊其派系，郭地位雖遠出楊下，而因小張關係，實擁最大軍權，自為楊所極嫉視，時思有以裁之。於是楊、郭之爭，乃一變而成為楊、張（小）之爭（詳情見〈林宗孟與郭松齡〉一則中）。

當第二次奉直戰起，老張任姜登選為總指揮，各軍均歸節制。姜，楊系也，時郭為小張副，率軍在榆關作戰，姜藉故令免郭部某團長職，郭不可。經小張向姜緩頰，姜謂：「可令郭來面商。」郭疑有他，不肯往，終因小張調停，懸待戰後解決，及戰勝，此事遂擱置。詎有郭部某軍官，以不得志於郭，往投姜，欲買姜歡心，特重提往事，並描述郭種種跋扈狀。姜素深沉，乃竟為某言所激怒，謂：「郭幸尚見機，當日若果來，未必便能復返。」某聞言竊喜，自以能為郭探得祕密，不虞不重酬我，遂復馳歸，悉以姜語告郭。郭曰：「吾向固疑之，今證實矣。」於是此兩派遂由互相傾軋，進而為互相仇視，而他日無數殺機，胥伏乎此。

迨奉軍南下，楊督蘇，姜督皖，郭則欲求一熱河都統而不可得，相形見絀，憤恨之情，益不可遏制。會孫傳芳奮起討奉，楊、姜倉皇棄職北返，老張命以所部歸郭指揮，已則挈之歸奉。小張派以為有機可乘，譖諸老張，謂：「楊、姜平日好大言，及任以方面，乃無用至此，宜加罷斥。」詎老張不特不納其言，反徇楊、姜請，嚴令郭率部沿津浦線南下，與孫軍決戰。彼輩乃知楊、姜根深蒂固，不易動搖，非殺之，則老張終將為用，乃密謀以清君側為名，率師出關，實則此時郭已與馮（玉祥）默契，並老張亦將迫其下野也。聞此事小張實曾與聞，以快私仇之故，至悍然不顧一切，亦足異已。老張以久未見郭出師，命姜入關觀察情勢，郭遂誘姜至軍中殺之，以報昔日之仇，一面舉叛旗。未幾事敗，郭伏誅，老張對小張雖怒甚，終以愛子故，釋不究，且寵任如故，而兩派亦暫相安矣。

既，老張被日人炸死，小張繼之，楊仍任總參議，使楊此時能稍自斂抑，小張亦肯降心相從，棄前嫌而謀大計，豈非奉軍之福？乃小張終持敬遠態度，楊則依然自大。各方之來奉接洽要務者，震於楊往昔威望，仍多出入其門。楊對客每譏議小張，小張心恨之而無可如何。會楊生辰，賀客麕集。有謂小張：「楊實藉此與各方密謀倒少帥，不可不防。」小張乃親往為壽，冀一覘其究竟，楊亦未嘗遇以殊禮，小張蘊怒佯歡，終席而後去，去時約楊及常蔭槐翌夕赴督署博戲，楊、常諾之。小張歸，與左右謀殺楊而未決，乃取銀圓三枚，就神前祝而擲之，曰三枚面全向下者殺，一擲三枚皆然，意乃決。楊、常既應約至，由衛兵延入內，坐有頃，小張尚未出，常顧左右曰：「時已不早，可請漢帥入局。」一軍官突舉槍叱之曰：「少帥寧肯與汝博！」一聲隨彈發，常遂仆。楊見狀亟起曰：「汝輩胡為者？」語未竟亦仆，驗之皆氣絕，蓋兩彈適中兩人要害也。揣小張所以必欲殺楊者，無非以楊侮之太甚，一時舊仇新恨交作於中，欲忍而無可忍耳。惟楊雖無實權，而尚具有潛勢力，若公然殺之，難保其不變生意外，故不得不詭詞誘致，使之猝不及防，至於楊則始終視小張為豎子可欺，以為即入虎口亦安如泰山，豈知蜂蠆且有毒，況於操三省生殺之權者乎？則其死固有由於自取者矣。夫以奉軍席全盛之勢，徒因內部派別之爭，至於墜精銳、戕人才而不惜，及宇霆之死，而其勢亦已疲矣。嗚乎！此團結之所以可貴也。

四十八、東北易幟與國民政府統一

張作霖於十七年六月三日之率奉系閣員離京出關也，其時國民革命軍已一敗吳（佩孚）於武漢，再敗孫（傳芳）於贛、寧，三敗奉於豫、魯，而各奄有其地，張見形勢日非，預定退守關外，以此與日人忤，至被炸身，其子學良繼，才略既遠不如乃父，威望又未樹立，而日人在奉氣焰，亦咄咄逼人，聞小張恐蹈其父覆轍，每往來京、奉，至皇姑屯附近，必下火車，由間道繞行，不敢直駛而過，戒懼之深，固不僅談虎色變已也。內外情勢如此，其無固守京、津之勇氣，殆可斷言，所躊躇難決者，祇在棄京、津將如何保全東北？及在東北將採如何態度而已。

反而觀國民革命軍之方略，當其佔領武、漢也，軍中即分北進與南進兩派不同之主張，主北進者為蘇俄顧問，其理由以北京為軍閥政府所在地，果一旦能直搗而推翻之，則全國視聽為之轉移，一切皆可迎刃而解，實則彼輩固別有用心，因東南距蘇俄過遠，不易控制，若北進，愈接近則於彼愈有利，且於革命軍取得京、津之後，尚可策動其向東北或西北發展，彼時益可操縱從心，不虞國民黨之反覆。主南進者為最高軍事當局及其參謀人員，其理由以東南未定，若遽興師北向，將轉促兩面敵人之聯合，非計之得，不若先行掃蕩東南，自立於不敗之地，然後乘機進取，方為萬全之道。結果南進派勝，然亦當局窺破共黨陰謀，故不從其議。

猶憶當革命軍攻下南京後，曾發生所謂下關事件，即係共產黨故意製造，藉以擾亂革命軍預定之計畫，其居心險毒，可以想見。使當時北進之計果售，俄人控制力量，愈臻強固，則後來國民黨清黨工作，必橫生阻礙，赤禍之蔓延大陸，或不待至今日，此亦民國史上之大關鍵也。

及東南底定，魯、豫亦歸革命軍掌握，只有奉軍尚盤踞京、津，尚有人主張用武力解決者，但當局則欲以和平達成統一，以免損傷元氣。顧和平必須磋商條件，而當時雙方所願望之條件，大抵相符，奉方本無意固守京、津，所不能放手者，祇在東北，寧方亦知東北情形複雜，一時難於易手，故所爭者祇在京津，地盤既無問題，談判自易著手，經幾度信使往來之後，寧方表示東北仍可畀予奉方，惟表面上必須服從中央命令，此節使，老張未死，體面所關，尚恐難於就範，勢或又抄襲第一次奉直戰後，在關外宣告自主，與中央脫離關係之老文章，若小張則年輕望淺，只要能確保實權，名義上之服從，尚無須乎堅執，遂議定在關內之奉軍悉數開回東北，將京、津地盤完全交出，由中央任命閻錫山為北平（改京為平）行營主任，代表最高統帥主持大計，張學良則任東北邊疆司令長官，用人行政，委以全權，中央概不干涉，民國官制之有司令長官，自此始，東北遂於十七年十二月三十一日，撤去五色旗，改懸青天白日旗，以表示服從中央之誠意，計距老張之死，僅五個月又二十七日。

老張之死，以不肯出兵，阻止革命軍統一中原，為日人痛恨所致，乃因其死，反速東北之服從中央，此豈日人意料所及，然亦以是而使之圖奉益急，因果相生，極參伍錯綜之妙，亦足供讀史者之細加尋繹矣。

自吳、孫敗，老張死，所稱為軍閥者僅馮（玉祥）閻（錫山）小張而已，今三者皆先後加入國民黨，而受中央政府之任命，自是遂由軍閥割據時期，進而為國民政府統一時期矣。

惟小張主持東北未久，而九一八變起，版圖易色，余每與東北友人談及，多以為使無郭松齡之倒戈，楊宇霆、常陰槐之被殺，則精銳無損，老成猶在，雖亡或不如是之速，並謂凡是皆有預讖，東北人斥罵頑童，必曰小鬼子、小六子，郭外號為小鬼子，小張則小名小六子，實可為其不足任大事之兆，又揚米去糠時，必曰揚長而去，楊、常與揚長音同，亦足為二人不能善終之徵，姑附述於此，藉覘東北人對於其人其事輿論之一斑。

民國十年官場腐敗史

費行簡（沃邱仲子）著

一、公府

公府官僚組織之法，開國以來，凡五變矣。因於中央行政制度上，無何等之關係，故人皆以總統之內幕私吏視之。在袁氏時代，元首專柄，故府秘書長之權，直駕各部總長而上。自黃陂以降，元首權漸替，公府各職員遂亦為人所輕。中惟秘書長既參機要，且有時可代表總統與諸方接洽。庶務長以官僚而為總統經理家事，皆非有密切交情者，不蒙畀任。其他翊衛處、禮官處、侍從武官處，雖不少闊老，若蒙滿之王公、退閒之上中將等，而實際上尚不如傳宣處之為人趨奉也。又如顧問、諮議等，固同一位置閒散，然頻年內外齟齬，疏通奔走，端賴群材。所以高等顧問中其能得各省武人信任，暨與在野名流通氣者，待遇又自不同。故此謂名心重者，任高等顧問，以其苟得機會可出為督軍、省長也；利心重者，任庶務，以其可兼任京師稅務，或插入財政機關也；名利雙收者，任秘書長，以其一量移間必為閣部總長也。至禮官、侍從等，則近於養老院，過問者漸鮮矣。

秘書廳不僅掌管文牘，凡事皆得先聞，猶省公署之政務廳也。為其長者必元首之心腹，文學、政事，才所弗計也。以酬應煩劇，薪俸不足供用，故必兼營他職，或以子弟分綰腴饒所屬，亦分曹辦事，而以書札聯額祭吊文，褒勳詞及題畫、序書諸務，為最煩，皆元首私事。恐俗吏不諳，故必選前清南書房翰林一二人為主任。江湖名士非有內援者，莫能久任。若近之丹徒某君，歷兩任總統而不為人所排擠者，誠罕覯也。亦往往有征逐於歌場酒肆以傳達機密自任者，然實不足以擬院秘書廳，惟所受外吏饋遺較豐耳。

公府庶務處長，純粹一總統之大管家也。若某任總統時，則庶務長且須兼管其貿易及財產。故俗又以大掌櫃呼之。某甲以前清北省幹吏，任公府庶務員二年餘，遂擁鉅資，則以經手工程故也。歷任庶務長，多兼任崇文門稅務。歲須以羨餘巨萬，報效總統夫人、如夫人、男女公子等，故諺又稱之為管家婆。惟黃陂任內毫釐不取云。

傳宣官猶前清督撫之巡捕。日得與部院諸官相接；消息靈通，故位卑而勢重，外省軍民長官入覲元首者，傳宣處必薦科員，薦書記，薦軍需及副官等。故一人任傳宣，其家之雞犬皆升。至於府中一應吉凶事件，為各省傳遞資訊者，則庶務傳宣而處事其中。多清代直奉兩督署號房，若韓某者奉號房之一也。

粵人某任大禮官最久，蓋以北洋舊僚，曾任奉天監司，且通英語也。論其職掌，不過備外使、外人覲見。而公府筵宴、陳設、建築等事，苟用西式，皆歸其經理。故禮官中惟彼之權力為偉。

侍從武官，專任趨蹌奔走。俸入亦薄，所望能出外差，少資津貼。若派赴各省宣慰，或犒軍，皆可得優厚之賮儀。津人李某初隨西林於粵桂，繼由陳二安援入公府。其時袁氏接洽龍陸，頻遣李將命，眾視為一等紅人焉。

二、國務院

國務院之組織，始於民國元年六月，以各部總長為國務員，內閣總理為領袖，所屬則秘書廳、法制、銓敘、統計、印鑄四局也。廳有秘書長、秘書，各局有局長、參事、若僉事、主事、辦事員，則廳局皆有之。而法制局又有編譯、調查。印鑄局又有技正、技士，乃全國行政之總機關也，然除國務會議外，各部總長對院事從不過問，故秘書長、局長等只服從總理。能得總理信任者視諸總長若弟兄，行甚且勢凌其上，觀徐樹錚孫洪伊，往事可知矣。為總揆者，對外人之交際本黨之私事類甚繁劇，每日到院辦公時間至為短促，故大柄恒操之秘書長手，近如張志潭等，以陸軍次長而兼院秘書長，蓋以一身當行政軍事之沖，為各國所未有矣。

中國無以政見集合的政黨，任以何人組閣，所援引之國務員政見必不能一致，故國務會議者，不過就本部主管事項，陳述一二。若事關全域利害，則置議者不過陸財內務諸總長，農商教育司法等，第默默列席。其荏弱不喜於事者，更可避不出席，即總理亦無一定之許可權。任以文吏則權絀；任以軍人則權重。總統與總理親善，則國務員皆能依法行使職權；府院不睦，則事權落於秘書諸人掌握，往往頻開會議，而不能議決一事。總理能兼陸軍或財政，則勢力尤偉。譬如簡任之進退，亦國務會議事項之一。實則會議時鮮見提議。一聽元首總揆二人之意見而已。公佈之國務院組織法，徒存其名，仍視人為強弱也。

院秘書廳事繁任重，在府秘書廳上，以印信，會計，庶務，亦其職掌也。其撰擬命令者，如前清之軍機章京，人欲探刺機密必與交結。故此輩應酬為最忙。監印者，無論何項公牘，皆得入覽，亦便傳送消息。會計事本不煩，以任總理者，多黨魁。秘長往往為之支配。黨費因是頗勞籌畫，而就中沾潤，正復不少。名為整理本院庶務，實則總理私宅晏會慶吊諸事，莫不歸其經理。故廳中必有少年精幹，漂亮便捷者數輩，支拄其間，陪侍總理子弟，冶遊飲博者。此輩亦優為之，故雖不必按日趨公，而仍得邀上官青睞。

法制局掌審定各部院擬訂之法律命令，故職權重要。此席例為留學生所有，頗易與各部院齟齬。圓融者，因仿照前清憲政編查館遺法，遇事擇其不關緊要者，駁易一二條，餘皆如議通過。此法一行，事日清簡，編譯員、調查員長日無事，雍容坐嘯而已。

銓敘局猶清之吏部也，所司皆例行事。惟審查文官資格，可上下其手。四年前，有虧幣飭緝之吏，夤緣官於別省，竟請補知事，銓敘局並無糾正。人有訾之者，答曰：「虧幣飭緝，案在內財兩部，本局不知也。」實則參事中有其姻婭，代為覆掩，又恩給撫恤。雖不敢變亂多寡，而可緩急任意，待恤甚殷者，欲求其速議速行，亦非請托不為功。至核對履歷，驗看憑照，亦不免草率了事。嘗詢之個中人云：前清吏部，於各省升遷調補，准駁參半。近之銓敘，有准無駁核履歷，驗憑照。毋乃多事。何怪草率？

印鑄在國務院四局中，銀錢經手事體為最多，製造公文用紙，刊行公報、法令、職員錄，鑄造勳章、徽章、印信、圖記，胥其職掌也，故於行政上責任較法制諸局為輕，而與總揆接近，或佔有其他勢力者。每樂就斯席，政府公報，篇幅寥寥，而紙張印刷費，視坊肆貴至數倍。某任技正時，謂經手督造之勳章、徽章多至萬餘枚，費不應手，只好偷工減料。語為項城所聞，特取入公府比驗，至播諸新聞。蜀中某將軍，所得勳二位勳章，中嵌珠寶，皆較他人佩者為巨，製亦精絕，則托人預為致意也。鑄印為清代禮部職掌，鑄資無可中飽，故大小一致，無畸輕重者，惟領費少資津貼。今也不然。鑄工殆不可問，篆法惡劣，尤其餘事矣！

統計局依樣葫蘆，權利至為微薄。某甲任局長時，欲以統計統一事項，及統計會議事項，操縱各官署，於送核表冊，多所糾駁。內財交三部，苦其煩苛，為秘書長言之。未幾，甲遂他調，自是相戒毋多事。

三、外交部

外交部內分一廳、三司，外則各省交涉公署，及駐外公使領事官等。邇以國勢危弱，不特外侮仰賴友邦之扶持，即內訌亦欲蘄與國排難解紛。外力日益膨漲。任總長者，必與元首總揆，同心合德，始克有濟。故外部尊貴豐腴，亦不居財交之下，特專利在總次長，司長，參事以下，不克與交通比肩矣。

總務廳分文書、統計、會計、庶務、出納五科，電報、圖書兩處。惟庶務、會計兩科掌管本部官產官物，度支經費，及直轄各官署之會計。所司經費，歲數百萬，其闊綽遂為全部之冠。庶務員日往來於利威、烏利文、六國飯店之間，故私居陳設之奇麗，煙酒之芳洌，大有歐洲貴族之風。余則通商司可干預關稅外債事項，所入亦豐。然稅權為稅務處所專，外債不能恒借，且祕密借款，各部自由交涉，往往迨事成，外部始知大概，宜梁敦彥以外務部為翻譯處矣。交際司禮儀、接待兩科，主招待外賓，而每值國慶及諸典禮大宴，開支巨費，皆庶務、會計管理，交際司不得過問。職是易生衝突，往往臨時指摘其佈置之未周，曩以爭一白綢綢，彼此大鬥。著者親聞之商約科粵東某君，蓋每啟晏，餐台中置新白綢綢一條，安花瓶果盞於上，事後即為庶務員所有。一日招待科某甲欲取之，庶務謂為向例所無，致大參商。人傳以為笑云。

交際司又有動章科，專管核准本國官民，收受外國勳章，及駐在本國之各國官吏僑民等敘勳事項。職司之簡，為各部所無。有猶太富商，酷慕中國榮典，以助工拯由外吏請獎，特交部核覆。適某任科長，為之狂喜，意以巨金可以立致。久之殊無為道地者，數托人示意，輾轉往復，僅得三百圓為酬，頹喪彌月，不接賓客。

政務司專理政治交涉，略無活動餘地，而界務裁判訴訟交犯等事，及在外本國人關係民刑法律事項，皆無國際法可循，宜某君稱為嘔氣司。然各省交涉公署行政事務之准駁，強半皆操之此司，故天津迄瓊州四十三公署，俱服從政務司命令唯謹焉。

四、內務部

內務兼有前清吏、戶、工、民四部之權，事務繁𧼮，冠於各部。總務廳外有民治、職方、警政、土木、禮俗、衛生公司。每司分設四科或五科，主事多至九十人。朱啟鈐任部事時，銳意市政，土木司公務旁午，司官無一非總長之戚友，以有調查直轄工程，及補助地方工程經費二事。鉤稽綜竅，全權是寄。前清京師木商，無不交結內務府官吏者，今則無不交結土木司者。雖包工亦用投標，立合同，工竣亦派員驗收，然有投標以最廉價而被屏者，若被詰難，則曰是曾調查其人浮偽不足信也。每一工程出，諸大木商，預得資訊，投標特敷衍門面而已。回用有九扣九五之分，驗收費聞亦取給於是。至收用土地發價，尤多弊竇，故內部權利，終以此司稱首。近聞以經費支絀，諸工程多停不舉辦，故漸趨冷寂。本部所管經費，為總務廳職掌，所以土木司必與會計科合手。非是者，核發工費時，必生扞格，而近亦少歸清釐，非復項城時代比矣！

各省任用知事等官，本內部職司，近則實權為省長所有。特任命時，諮由內部呈請耳。然與總次長有關係者，必任優缺，參事、司長有關係者，亦可得差委，此為內部特有權利，他部所弗逮也。民治司，主管地方行政，及經濟事項，又地方自治團體，及其他公共團體行政，及經濟事項。所包者甚廣，而其權終為省公署所分，惟辦理選舉事，與諸政黨有連，少可活動耳。職方司主收放官地，為人所垂涎，而實際上，中央並無何等權力。一聽省吏收放，第墾荒公司，資力較大者，無不與內部通氣，預備為抵制地方官之後盾。職方諸員賴有此耳。

其足與土木司匹敵，而勢力尤偉者，警政司是也。全國員警，舉歸其管轄，近各商埠及省會警廳長，歲入豐富，直擬，稅關監督，顯不實不盡，而因內部絕無考核，其故可想。稽察著作出版，亦其責任而視為無關重要。邇來淫偽出版物，觸目皆是。教育部尚能通令禁止學生購閱，內部從不過問。四川某君，前清民政部外城廳僉事也，入民國仍供職內務，嘗告著者。民治司管救災拯濟，及習藝感化所等。大體為貧民而設，可名之曰：「乞丐頭」。警政司主管員警，受諸廳長之承迎趨奉，而諸廳長又受煙賭等項之供養，可名之曰「流氓」頭謔而虐矣。

近年新藥暢行，大都不中不西之贗品也。少有效力者，無不參入嗎啡，苟呈請化驗，衛生司莫不照發憑照，或謂此即生財之一道。然京師取締偽藥春藥，尚較外省為嚴，則警署之力也。北京地方醫院，亦歸部轄，經費由司綜竅。每籌辦防疫，則司中人忙碌異常，而皆欣欣有喜色。前清庚戌辛亥之交，東三省、京、津辦理防疫，用帑二百萬，官吏大獲保獎。以今例昔，蓋同揆也。

五、財政部

前清戶部之弊在吏胥，自改度支，少少清釐，民國成立，上下交征。財政一部，百弊叢集。視戶曹為尤甚。陳錦濤以名人任總長，而以墨敗為法吏所拘，他可想矣！總務廳外有賦稅、會計、泉幣、公債、庫藏，五司。總長稱為內閣台柱。周緝之當官，日視公府若家庭，聲勢奕赫。然亦最易結怨，少欲裁汰浮費，則四面楚歌。若諸軍隊，更難敷衍。大約居此席者，必略具外交手腕，可以議借外債，而又兼得武人歡心，則勝任愉快矣。其所入之豐，視前清尚書，奚止十倍。而有時須代元首總揆填補虧空。往者，張馨庵躊躇不敢遽任，正為防此一著。其兩次長，亦視他部富有實權，蓋總長不盡善外交，必賴次長中有一人與洋商或公使接近也。自入民國，人才消乏，已達極點。獨理財家輩出，若周學熙、熊希齡、張弧、張壽齡、李思浩等，皆自命專家。司員中亦蔚為風氣，其把持部務，大有清同光間戶部四大金剛之風，雖黨勢不若交通之熾，而總次長必與客氣周旋，自近二年已然矣。

總務廳分四科七課。機要科可參預借款。司會科掌管本部經費，皆總長親信所任。財部直轄官署最多，其會計皆歸總務廳稽核。求無斥駁，必先應酬，電務謄錄兩課，事煩而權微，宜周緝之視之為可憐蟲焉。

賦稅司，掌徵賦及土地清冊；會計司，掌預算決算，及支付事項；泉幣司，掌貨幣紙幣，及監督銀行，職任並煩重；然賦稅司與徵收官吏，除常關監督外，餘均由財政廳間接，故外省稅員，中飽雖多，司官不能分潤毫末也。會計司職掌易與審計院發生衝突，故司中官吏，恒結好於審院之第一廳。曩者，法財兩部人員交惡，因於編制預算時，將司法經費故意漏載若干條，以為報復。計亦會計司所為也。泉幣司，管理造幣廠，及各銀行，實際上較富權利。中國銀行，為國家銀行性質，自與本部有密切關係。此外，則交通、殖邊、勸業三行，在直接監督之列。若山西晉勝銀行，東三省官銀號等二十五行號，亦由部派監理監督之，皆受成於泉幣司焉。某甲任司長時，兩弟、一子、一婿，皆執事銀行，表弟則供差天津造幣廠，至整理幣制，調查金融，不過譯書抄報而已。公債司，事務極清簡，私入極豐厚，人稱之為福地焉。開國以來，國家發行公債，不過五次，當民窮財盡之日，民間殊鮮購票者，八厘公債，原欲藉以抵押外款，不成，則為諸要人所分。聞實收不及四成，其他六厘債票，袁氏當國時，直由各地方官攤派勒認，其餘則為大僚軍官分購。價格亦在實收四五成之間。及洪憲禍作，中交擱淺，信用盡失，七年債票直無人過問，而仍報售罄。其中黑幕不揭自破矣。此種債券，流入外人手者甚多，其挪移以供政府植黨買報，收買異己之用者，亦復不少，皆由司中經手，故司員皆有債券若干在槖至短期，證券尤多弊溷。某君，京師竹枝辭，所謂紙券，初頒押品賤酒樓高宴債精多即指此也。

庫藏司，掌收納支發，且有管理政府各種基金，及監督出納官吏之權，事煩任重諺，所謂當家官也。但有時所抱痛苦，亦較他司為甚。自民國四年後，軍費日增，中央收入專恃鹽稅餘款，當然杯水車薪，不供支持。總次長手腕少靈敏者，每屆月終或年節關，必能預向銀行挪借，屆時庫藏司戶限為穿，儼然香港之滙豐銀行。事過則門前冷落，大約一年之內，司中必有數十日忙亂，餘日則照式登記表簿，作刻板文章而已。某君任僉事時，自謂打聽借款成否，乃司員唯一天職，無論大小，苟有一宗外債到手，先盡強有力者提用，然後以之敷衍各部署行政經費。此時有請托先發者，有求免核減者，有乞清結積欠者，雖至無權之司官宅中，亦復臣門如市焉！

有清末造，載澤掌度支，實行財政獨立，內閣不敢干涉部事。民國則周緝之長部時，本袁氏姻婭，又敢先以長電譏詆黃興，風采更著。梁燕孫長部時，得交通系之援助，取攜有自，指揮如意，此為財部全盛時代。梁出前後，從馬十三騎，色皆純白，京諺所謂「遙看白馬十三匹，知是黑心總長來」是也。其時堂窯園，館第一流，為總統府人員；次則財部諸軍官，反居其下，迨洪憲，取銷中央財力，一落千丈。梁任公號稱段氏至交，其實權力有限，自是而降，純以拖欠挪移度日，頻受武人攻擊，龔仙舟自謂飽嘔了五個月氣，而逐臭者仍趨之若恐不及。其為斻仕不察可知矣。

六、陸軍部

民國成立，軍焰薰天。陸軍部有管理全國陸軍軍政之權，宜有無上權力，冠冕各部，然一進窺其實際，則尚不足以擬內務，遑論財政交通，蓋軍權純粹為經略巡閱督軍所操，初不服部節制，其直隸部轄者，亦師自專政。西南固與中央脫離關係，即北軍之在前敵者，亦非陸部所能調遣。觀於吳子玉以一師長，總統且無如之何，其他可想。段芝泉任總長時，聲勢較盛，段香岩、靳翼青，雖稱紅人，然次長以下，權力大減矣。

總務廳外，分軍衡、軍務、軍械、軍學、軍需、軍醫、軍法、軍牧八司。無僉事主事，而易以科長、科員、副官、法官等，副官居總務廳者，皆總理親信充任，秘書參事亦如之。本部軍官佐等任用事項，舉總務廳職掌，故諸員升遷降黜，其消息必於廳中探之，宜厥勢重。

軍衡、軍需、軍務三司，事皆至繁，然軍衡所掌皆例案，直奉行故事而已。某君任科員時，廳事以月老祠聯揭諸壁，蓋所掌則軍人結婚事也。軍官佐及軍用文官之任免，雖事隸軍衡，然前清末年，將官遷黜補充權尚操於陸部，今則純由督軍師長為政矣。

軍務司掌編制訓練，及要塞輸運等項，戰時事尤煩。頻年內訌，故此司軍書旁午，非學堂出身者，不能濫竽。前代文人重科第，因之師生誼篤，近則文官罕有此習，而移之於武人焉。大約科長科員等，非總長之門生，小門生即次長之門生，非具淵源者，殆不得入門。軍需司直接管轄各師之軍需官，服裝糧秣，均歸其經理檢查，製造購買，所入自較諸司為豐。近年運辦軍米，特尸其名，實無異商販，部發護照往往為人留難，弊更可知。陸軍用地，亦本司管理，邇來範圍愈大，利權亦隨之而增，惟值財政奇窘時代，請款多不應手，亦每有愁面相對之日，特可諉責財部耳。

軍醫、軍牧兩司，事為至簡，而軍牧司每值直轄諸師購馬，尚小有起色。軍醫則只填寫統計調查表而已。數年前，津人某，官此司，建議欲大考各省各師軍醫獸醫等，切實甄別，風聲所播，諸醫官大起恐慌，不知以何法運動，事竟中止。

軍學司，管轄武學，審定教科書。自入民國，武學減少，司事不繁，然近畿各陸軍學校校長，非得軍學司歡心者，即難免辦事掣肘。往年蔣方震致以此自戕，全體學生，指控軍學司司長，其近鑒也。司中又有纂譯官四人，掌纂譯操典教範，自歐戰作而軍學日益發明，纂譯人員，以邏譯事煩，要求增員，否則加薪，竟為某次長斥駁，諸員相率擱筆，稍有譯述，亦直抄東報，而段黨乃自矜軍學日有進步，宜為呂公望所笑矣。

軍法司，本司高等軍法會審，而武人無一服中央之裁判者，則可斷言。若依軍法，傅良佐、范國璋、王汝賢等，或棄防逃竄，或臨敵退縮，政府且熟視無如之何，軍法司更蔑從過問。近匪特部司不能執法，各督軍護軍鎮守等署軍法科，亦無所事事，幸搶劫盜匪，有劃歸軍法辦理者，故每月猶得承審一二事焉。

陸部直轄機關，有衛生材料本廠、隸軍醫司，有呢革廠、製革廠、被服廠，皆隸軍需司。

然大宗服裝，仍由各軍衣莊分包，業此者多津人。平時趨奉武人，或招其狎飲，或供其借貲，或代購辦物品，務如厥願以償。臨事乃得大宗之貿易，其交結軍需司司員，尤致殷勤。某司長為公子完婚，不名一錢，凡事皆南城某軍衣莊為之備辦。直轄學校，則有陸軍第一預備學校、陸軍軍官學校、陸軍軍需學校、獸醫學校、憲兵學校等，支費比較文學及諸專門學，增多五倍，教職員薪俸極優，多與軍學司中人有關係者。直轄兵工廠等，自北京軍竇庫下，則有保定、三家店、上海、德州、漢陽、成都、廣州等七處，皆大廠也，均隸軍械司。此司有籌畫檢查軍用槍炮彈藥之權，各省各師購入外械，必經其核准給照，知會海關，方能放入。本饒實力，奈以財政竭蹶，對日購械借款成立，小徐曹陸等，數手包辦，日人乃傾其無用之械，以供給我國。司中人俯首聽之，檢查權亦俱喪失，或謂借款回扣，諸員實得分潤，又謂回扣，皆入包辦人囊橐，是不得而詳。然軍械司司官，仍復闊綽異常，八大胡同之內，撲克麻雀之場，時復見此輩蹤跡焉，然俸入固不足供揮霍，其錢豈自天降耶？

七、海軍部

中國自甲午以後，直無海軍之可言，合今之第一第二艦隊、練習艦隊、排水，量不足擬外國之數艦，而大部乃有四參事、四秘書、六司長、五十科長、百科員、十副官、八視察，技正技士，猶不在此列，宜其安閒無所事事，且所入頗有優於陸軍者。軍械、軍需兩司司員，間有乘坐汽車者，視他部總長若伯仲行。海軍部者，易名即福建會館，蓋閩人之私產也。程玉堂以粵人任總長，宜不能指揮如意。劉冠雄以洪憲改元封公，故京師稱之為公爺，公爺在前清並無大名，自沐袁寵，二次革命時，南下犒勞海軍，自是遂擁鉅資。每經一次內訌，海軍或南或北，皆有生財之法，故陸軍以勒餉掠民，挨詈費力，得來之錢，尚不若海軍之時而擁衛中央，時而護法保民，只費一紙通電，立可攫得重金。在外艦隊司令若此，大部可知。今數中國富人，劉公爺已在前十名之列，段芝泉久總軍寄，對此有愧色矣。

軍機司艦政、兵器、機器三科。造船購械，歸其實地經理，為科長者皆總長心腹上，海部以純粹鄉誼結合而成，凡事略分言情，不拘儀式，諸員出入總次長之門如家人子弟焉。

陸軍部所轄軍區至廣，軍數至夥，而部員私利，間且不及海軍者，以督軍視部蔑。如師長亦多自專擅，部與軍隊，時有隔閡。海部則所轄僅兩艦隊司令處。二軍港司令處，聲氣貫通，艦械餉糈諸事，莫不秉成於部員也。

直轄局廠則有江南造船廠，以雇用洋員之勤奮，又適當歐戰期內，北美合眾國亦來購訂船隻，遂為全國之冠。餘則大沽造船所，福州船政局，煙臺海軍練營，海軍魚雷營，每歲皆支鉅款。軍械軍需兩司，有稽核經理之權。妒之者因謂領款皆平分，然實無稽之言，又直轄各學校，則有南京之海軍魚雷槍炮學校，煙臺海軍學校，福州海軍學校，又海軍製造學校，吳淞海軍學校，天津海軍醫學校。自校長以下，及於庶務。書記，莫非閩人，津籍以北洋關係，素為袁氏所喜，故學校教職員，尚有一二。以此把持，成為風氣，外省學生，嘖有煩言，校中時起風潮。曾聞之某君云，閩人嗜食紅糟、酸筍、田螺之類，皆他省籍見而蹙眉者，校中本閩廚，日以此類供饌，學生多食且嘔者，而亦無改良之望也。

八、司法部

司法獨立，立憲國通義。惟中華民國不然，法官受制於武人政客，罕能行使職權，故司法於國務院中，實不關重要。然審檢廳諸官之遷調升補，除奉天外，純由部司操權，不受省吏之侵制，法廨雖未能普通成立，而就現有之省會商埠諸廳計算，所用官吏數已不少，賴此一端部中得不寂寞？總務廳計分五科，有稽核、罰金、贓物、管理、律師事項。與本部經費，及一切司法經費，支出之款，歲頗可觀，計轄高等廳二十二；高等分廳十地方廳四十三；高等分庭三；審判處三；司法籌備處一。除審判處權操都統，其餘皆法部實地管轄。何轄實地管轄？財政廳長，雖由財部委派，而必先得督軍省長同意，法官則軍人行政官，均不甚干涉，故廳長以次，必聯絡司員，而事總務廳尤謹。有某者，美國留學生也，初任某商埠會審官，其夫人本一名妓，有私蓄萬餘金，以之酬應總務廳，群譽其能，某總長因破格調任第一。商埠地方廳長，實其原籍鄰邑也，任事數月，聲名平常。未幾，某總長下野，民刑兩司長，咸訾其短，遂移任邊地高等廳推事，幸在任日趨奉軍官，得留供他差，藉免荒遠之行，然所蓄已罄矣。

律師者，近時大營業之一，然不能與部司通氣者，貿易必弗盛。當民國初元，許雋人任總長時，劉季衍等為第一流紅員，其時法部已為留日學生盤踞地，而律師亦泰半留日學生，結納自易。近京師著名律師，犯欺詐招搖案者，數見其人，或亦有曾任法官者。甲乙二人者，皆留東法政學生，在前清服官京外，亦著微名，改國後，並為律師，以事齟齬。然乙勢豪，甲俯首聽之而已，無何甲棄其業，輾轉入部，任總務廳僉事，即獻議限制律師，且搜隙覓短，卒將乙憑照取銷，不得在京兆地方行使職務焉。

大理院總檢察廳以下逮已成之法院八十餘處，其經費皆由部掌管，法官亦由部薦委，其足以自豪者以此。而總次長卻不為人所重，每視內閣易人，則司法、教育、農商三部，特以應酬。闒人未必皆親信也。其故在司法經費，不能染指。而司員承前清刑部之習，把持盤踞，不必隨堂官為進退。任用法官、參事、司長皆得預議。各廳長推事等。一歲之中，恒紛紛調動，鮮能久於其任，亦由部員主動也。某甲任廣東澄海地方廳推事，未半年，已他調，自謂初到不解土語，已而極力摹學，漸能操粵音，然已無端遷移矣。言之，為長歎。

又有法律編查會，有正副會長、編查員、事務員，雖位置閒曹地，而舊亦為留東學生所盤踞。編查員四，事務員五，事務長一。一日忽生衝突，事務長固總長戚誼，因極言編查員之無用。編查員又謂事務人多而事少，宜裁汰。中一人則與皖系武人有連者也，會長無如何，乃托言費絀，裁去顧問數人了事。其實顧問並未與競爭事也。人謂為池魚之殃云。

監獄司，管理各省監獄，計已成立者，自京師第一監獄而下，約六十餘處。典獄長之委任，亦部操其權。近年建築新監，摹仿西式，支帑甚巨，而多不合式。分監報成者，奉陝黔三省為多。某司長建議分派人員，前赴各省查考，而陝黔貧瘠，人無請行者，事竟中止。然司官所薦員吏、獄長必善遇之，否則位不可保。至監獄弊端，別有專門述之。

九、教育部

教育，為第一窮部。富有勢力者，類唾棄不顧。每月廿五支發薪費，內陸海三部，例領現金，以有軍警關係也。他部署則搭發紙幣；惟教育部不但無一毫現金，且積欠亦難望補發，蓋以學生為人輕視也。自五四運動，軒然大波，學生頭角嶄然大露，教育總長，始少少為政府所重。然內須對付學生，外須敷衍政府，大有左右做人難之。概宜傅源叔夜渡蘆溝，杳無下落，某次長欲乘此一出風頭，究之兩面，皆不討好，嗒喪以退。從此學潮將愈演愈烈。長教部者，不特無權利可爭，欲求為舊日之清閒自在亦不可得。而江蘇某教育家，乃自謂非任總長不出，則別有用意矣。

計分一廳三司，普通司事為最煩。總務廳會計科，雖有管理學校經費之權，其實省自為政，部吏無從干涉。視學十六人，每出視學，諸校長惴惴然以奉之，而褒多貶少，或訾其不免私情，故人有寧為視學，不為司長參事之說。

審查學校應用圖書，為本部特權，故書肆之雄於資本者，必與部員通氣。鄂省某君，任僉事年餘，自謂除數赴大書坊筵宴外，日惟看他部人員之應酬忙而已。語殊冷雋，故巨肆所呈請審查之書，無一不邀嘉許者。

管理留學生事項，屬之專門司，匯兌留學經費，或謂其不無出入，然不盡尤其經手也。又考試醫士藥劑士，亦專門司事，然無人不及格者，其至無味者，則博士會事項，及曆象事項是也。

部中直轄學校，自北大以降，都十二校，其開支經費，由部規定管理。然校長皆與總次長至有關係，司官顧無如何，而度支不繼，向財部催討，則司員事，故司員皆苦其有義務而無權利，又所轄京師圖書館等，亦與此同，而經費且日見裁減矣。

十、農商部

農林、水產、牧畜、工商礦，務皆農商部職掌。值近今財政奇窘，傾所入以備兵植黨且不足，自無餘力興辦實業，故勢力迥出財內、交通諸部之下。然每值總統總理就職，必為敷衍門面語曰：「吾將以全力振興農商。」為部長者，自不得不少少注意。然經費無出，不過令四司多訂條例以壯觀瞻，行否殊不過問也。然其權力終在教育司法上者，以林礦皆可抵押外款，而近歲名商實官之實業公司，不可勝數，俱賴部力維持，而對於國務席上，則責任無多，宜田煥庭據為樂土，久無去志也。

以林礦諸業，抵押外債，匪特政府，即武人黨魁，亦可任意為之。然終畏農商部之抗議，創辦實業，或間接以授之外人，或暗中摻入外股。任如何祕密，必為人發覺，故尤畏農商部之阻，駁以此二者，不但須結交總次長，即司官亦當予以充分酬報。若事屬政府所為，部員自不敢撓，而回扣終可分潤，特非要人不能染指，勢難普及也。亦有政府祕密為之，事後始知照部員，部員抗不承認者。然近四年之總次長，無此風骨矣。安福系發買江西城門山礦，為贛民全體所阻，而部中仍貿然發給執照，至為省公署扣留，尤近事之可笑者也。

名商實官之實業公司，以北方為最多，皆軍官政客所組織，以壟斷眾利。譬如，以賤價購荒興墾，據官山為己有以開礦，下及諸轉運公司，皆依附公家，託名商業。更有並無資本之滑頭公司，是非與部員通氣，必多掣肘。然此類公司，半與財政交通兩部有連，勢不可侮，故請照註冊，照例有准無駁。若民立商業，毫無官吏臭味者，則必依法種種手續成立，始准開辦，且非有人情運動留難擱置亦所不免。

官有荒地處分事項，屬之農林司，本一大財源，而內省荒地無多，新疆鞭長莫及；東三省則為強有力之武人把持，部吏無權處分。往者金還陸大坊之墾荒於奉天，明明在部註冊領照，而大坊至為張作霖所傳，自是以後，奉吉黑墾政，皆讓之省吏主政焉。故至今農部直轄機關，有三省林務局，而無墾務局。其舊有墾荒公司，亦奔走巡閱督軍之門，不以大部為意也。

有名實業家，若張季直之流，國內不過數人，皆政府所尊重。部吏奉令承教，不敢與抗也。有某甲者，以僉事出任第二棉業試驗廠廠長，偶開罪責公一電達，部立撤差察看後乞解於民黨某偉人，乃以黨誼關係，責備谷九峰，始准回僉事本任，時九峰方為總長也。

工商司管理官辦工商事業，如官立造紙、水電、製革、糧運，諸公司，皆所直轄。是類財政，內容不可盡問，而多歸省吏主持，部員無從稽查。有時資本虧耗，則推之部中請其維持，故司員談及官辦實業咸蹙額相對。工商業團體事項亦歸司轄，然商會權力，視時為伸縮。當中央勢力薄弱，日且敢抵抗大部，惟各要埠商會總理，半知名之士，多與部員友善，故內外不致隔閡，有時且可賴其維持之力焉。

勘定礦區，為礦政司至難處之事，以其有官私地之分，而私地又有易姓易產，願售不售，種種轇轕，自入民國，具呈領地開礦者，幾於無日不有，率多浮詞聳聽，按之毫無實際。其中且有串通外人，或影射僑商者，往往照所呈區城覆查，而區內並無礦產者，弊竇之多，不可僂計。率奔走於雇員書記之門，探聽准駁消息而司官不與焉。

司員供職京師，不免清苦，而可出為場長、處長、局長。若第一二三棉業種畜試驗場，第一二林業、糖業試驗場，梧桐河金礦局，漢口商場籌備處，中礦局商場差為最優。礦區監督署，未盡成立，近則並之於實業廳矣。

某甲者，陳鐸時，任總長日之僉事也。其人在農商部，資格至老，且與東海亦有舊。其戚誼某乙，創辦礦務，絕無成效，而思推廣範圍，則蘄甲援提倡獎勵礦業條例，為乙運動部顧問，竟朦溷成功。乙乃假顧問名義再擴充股份，卒以占及官地，為省吏所驅逐，諮部查辦，而礦政司諉為不知。及某任總長，始知事出，甲手乃勒令辭職。聞今又夤緣入奉天政界矣。

十一、交通部

即前清郵傳部也。當開創之初，唐紹儀為侍郎。司員多引用粵人，自是遂為粵籍所壟斷，而推為領袖者，則梁燕孫也。梁以左參議管理鐵路局，轄有京奉京漢兩大路所入之豐，冠諸京曹。凡任郵傳尚侍者，莫不交通親貴，饋遺權要，而其資之所出，則鐵路局實供其注，故梁氏屢經台諫參劾，謗書盈篋，而歷任堂官，皆代之洗刷。其黨中健將，則有葉恭綽，龍建章等。近稱之，為老交通系，其實即粵系也。至今仍握重權焉。司員等統系分明，外人不得加入，以此根深蒂固。許雋人以東海舊僚，幹木夔臣，而任總長時，偶位置私黨數人，眾即嘖有煩言，緊要關頭，幾無人為之幫忙，後卒失敗以許矮之才調且如此。他可知矣。

財政部總綜財權，而收入較豐之鹽務、海關稅為外人所監督，煙酒公賣，又另立專署，視交通部之自操主權，別無分支者，蓋不可同日語，且交通事項，軍人外吏，都不復干涉。用人之柄，總於部長。在國務員中，差有獨立氣象，非與總理有密切關係者，斷無此席希望。然有時補助黨費，接濟軍用，亦煞費經營，而應酬尤為繁賾。若迎送顯者之專車，權門之免票，文武官署之長電，皆以公款作私情用者，稍慳吝者，即開罪於人，故歷來任交通總次長者，手筆皆異常闊大，不僅梁燕孫為然也。施植之為第一任總長，雖非粵系，而為唐少川快婿，以是少得融洽。夫交通之屬粵系，人多知之，不知粵系上，尚當冠以北洋兩字，蓋非出於袁門之粵系，亦不能長處也。觀於唐少川以開山祖師，自見疑項城，跳入民黨，對交通系即無絲毫權力，其故可想矣。

四司者，路郵電航是也。路政司利權至偉，計轄京漢等管理局十三處，川粵漢等鐵路總公所四處，又寧湘工程局一處，內以京漢津浦京奉京張滬寧等五局，稱五路財神，而京奉京漢為之魁。本司又有監督陸上運輸事業之權，故能以官力組織轉運公司，取資自肥，或謂各局長歲須以重資應酬司員，此乃門外漢語也。蓋羨餘之款，總之司長及總務廳，然後貢之總次長，並分潤諸員司，並非取之路局。若借款築路，例有回扣，以路押款，則回扣尤豐。司中人皆具外交敏腕，至於購辦車路材料，暨購煤等事，弊竇尤多，各路局自不能專利，是亦本司之利源也。

航政司事本清簡，以中國航業，只招商大達寧紹三公司較大，而皆官置運輸。國內所無招商局，雖初有半官性質，近以盛氏脫離政界。楊杏城中死故部局漸不通氣。日者握有軍政全權之某督辦建築園林於津門，堆砌假山須用南石。總次長聞信，即屬之航政司辦理。司員手忙足亂，卒無良策，幸招商局聞信，自請報效運石以挽回與某督辦惡感。部員大喜過望，故日來申津招商輪船所運，皆花綱石，又收沒敵僑船隻，郵海兩部數相爭持，外人攘奪尤力。部員某君建議，由部立一航政局，專管敵輪，以之載運商貨，而建築碼頭貨棧等，須費不貲，某君又為老交通系人物，為眾所嫉，議遂中止。某大實業家，以子婿之力，新交系之助，祕密運動，歸其公司承購，價格並不宣佈。是時航政司中人，至為忙碌。聞數日之間，西餐費至千餘金，乃甬商某聞之，立提出抗議。一時傳說謂某實業家之公司，並無此魄力，特為間接轉售外人之計，某黨以政治臭味，素不附大實業家。於是司員中大起風潮。民國成立以來，航政司事務殷繁，僅此一時也。

郵政實權，本操之外人，嗣收回部管，外權漸替。然各分支局用人之柄，猶在洋員手。某甲任司長時，嘗自鳴未引一私人，雖實情而飾辭也。然郵務日漸發達，且兼辦儲金，頻年收入，多有贏餘，宜司長不願外任監督矣。此前年事也。

電政擴張，日有進步，而司權亦日增。在清代電政局設於上海，另置監督。如周萬鵬之流，用人購料，純其主持，司員從不過問。自滬局撤銷諸權皆移之部司，各局局長，直接委充，不受省吏干涉，其中不少腴局勿論滬漢，即一哈爾濱局，當蘿蔔價未跌落，日收蘿蔔，解銀圓，中飽數已不少。其重慶成都雲南諸局，轄地遼遠，工程尤便染指。商埠大局，則只分譯費，已屬大宗進項。初議非電報學生，不得派任，浸假而前議弁髦，如前滬局長之汪子實，則許俊人嫖友也。故電司權利，實在郵司之右。惟電生升班加薪，斷不可錯誤。以此輩資格較深者，頗有人置身通顯，且滬校學生，聯絡一氣，往往假事發難，隱含同盟罷工之意。某任司長時，頗提倡多立學堂，多用土住學生，語少少外泄，群情惶惶，適梁燕孫猶在公府秘書長任。當其官卑日，歷任電局總辦，知舊生之不可侮，遂囑總次長打銷此議。電生聞之，自謂得占上風，竟有要求司員，亦必以學生充任者，而事卒不行。

電話亦歸部轄，京津粵各埠電話局，歲入之豐，視電局無差，經手者羨餘尤富。局長皆由部任用，不拘資格。傳聞某局報銷不實，為司所駁詰，賴與商會總理稔交，總理又次長某之戚，因為調停得寢，京師電話窳敗，屢經指摘，而卒不能改良。一日公府某要人出狎游，以電話招友，催甚急，交換手不知也，竟報以惡聲。翌日，言於項城，總長竟受申斥。自此傳答始少靈捷。

部轄學校凡四一上海工業專門學校，二唐山工業專門學校，三郵電學校，四鐵路管理學校。以經費出自本部，故並充裕，而學生出，路亦優，人多樂就。中惟滬學本名南洋公學，改歸部轄未久，畢業生無實在用途，郵電供不給求。鐵路管理卒業後，分別甲乙，派在各路局實習。甲班月給補助費三十五元，乙班減十元，實習期滿，派職定薪，非與堂司官有舊，或有要人囑託者，京奉京漢諸局，不易派往，派往者亦不易入洋帳房。有學生某，秘書至戚也，以甲班派至道清路局，事至苦瘠。秘書不悅，以責讓司長，未幾，遂調京奉。亦弊端之一也。

十二、參謀部

參謀掌國防用兵之事，原無所為弊竇，自陳二安任次長，恐不見信於袁氏，遂分佈調查，探刺亂黨，坐是部務漸繁，適黎黃陂在鄂，不問部事，遂由陳一手操縱。然其人守潔，雖部中額外支費日增，而堂司官無所染指，故亦無所為弊竇也。自洪憲改國謀亟，參陸之權，並為統率辦事處所奪，部員尤奄奄無生氣。蔭午樓任事日，請領經費，財部閒置之不理。幸次長陸錦善聯絡，素奔走段門，遂倚以對外。以是參部實權，恒握次長手，而局長等遂不免退有後言矣。

各省軍任用參謀人員，名雖由部主政，然不過據督軍師長等之請，以呈乞任命耳。此外京外陸軍測量局，亦歸部轄，測量經費，民國初元規定，較前清大為擴充，而成績亦殊寥寥。南省某局，藏費巨萬，其局長為群所指目，適部中，一科員病歿，眾為公函糾致賻儀，某局長認送十元。眾怒其吝，令調查員，發其舞弊情形，擬令免職查辦。某乃急投是省將軍門下，將軍函致統率辦事處，力言司員吹毛求疵，假公報私之無狀。袁氏召次長至，擲原函與閱，令約束司員，而某局長處分，遂無形取銷焉。

本部分六局，局置局長一人，副官一人，共三十四科。每科科長一人，科員總一百三十五人，調查員六十人，庶僚濟濟而職事無多。初成立時局長科長等，以鄂人為多。若劉一清之流，皆陳二安所援引也。其中民黨偉人之爪牙羽翼，亦復不少，徒支薪俸而已。故眾稱之為安樂窩，其時萬寶成軍衣莊主王壽安，日出入參謀部，部員多與之狎遊宴飲者。

張子志者，北洋武人中至無學術，幾於目不識丁者也。一旦被命長參謀，為運籌帷幄之司，宜其不甚了了。然人實直實，蒞事日，頗以開誠佈公，鼓勵屬員。眾方嫉陸錦之把持專橫，以為得此機會，當可一快傾吐。於是摭其弊端加以附會，提出公呈同請查辦其中事蹟，自不能盡實而謂之全誣，則原告諸人，官部有年，何致於此等事件，竟憒憒提出，絕不計及利害。聞公呈初上，陸氏頗涉恐慌。張子志亦標示必秉公查辦，當日即有強有力者，召張於私邸，告以此風若長，以子之忠厚，他日必為群下挾制。張為所動，因歸而求計於副官某。某擔任願為調人，乃以翌日，遍邀原告諸人，晏於西飯店，殊無一到者，某大失望，更以危詞聳張，而陸適亦彌縫無跡。張遂以查無實據上覆，再交陸部覆按，仍無出入。於是反坐原告等以挾制誣控，均各免職。夫誣控罪名，關係個人，當然訴之法庭，自非免職所能了事。若言挾制，則陸氏經手款項，果無牽溷，屬吏何從挾制，而重案輕結，於以完事。京師謠該紛乘，有謂原告不服，須再訴者；有謂原告不久，即別有位置者。傳聞不一，而調查諸款，由來已久，清釐正非易易也。

凡軍事大學，皆屬之參謀部，此東西通例也。自入民國，本部以種種規畫，始將預備陸軍大學成立其他無聞焉，則由始無總長繼雖有總長而權力迴在陸長之下，殊不為人所重視，屢催海部，合力籌建大學，而海部不欲也。某局長憤之，遂提起升吳淞海軍學校為大學之議，海部軍學司恐權為人所攘，而又無理由可以拒絕，於是建議改吳淞一校為海軍師範學，而名目不經，終不能成立。醞釀至於今日，冒昧將升學期與見習期更易，煙臺學生痛明年薪水之不可得，適有粵人從中慫恿，遂全體罷學。從此建置大學更茫茫無期。又航空事業，屬之軍隊者，亦參部職掌，航空學校，舊已成立，可笑者。自飛機借款之說興，遂視飛艇、飛機，為生利之具，而不視為戰時偵察之具。人有就某局長詢其預聞此事否，某對軍械借款，陸部若不預聞，則此事本部亦不越，俎誠痛快語也。

十三、將軍府

將軍府乃洪憲皇帝位置投閒軍人之地，名為軍事之最高顧問機關，直隸於大總統焉。然依其組織之法，則應置上將軍一人、將軍二十六人、參軍二十五人、參謀四人。秘書二人、副官四人、事務置廳長一人、事務員四人，袁氏時代，以段芝泉領將軍府事。未幾，而張金波以振威上將軍，段芝貴以輔威上將軍，併入府辦事，竟有三上將軍。人傳以為談柄，參軍者，與將軍有連帶關係者也。譬如某以陝西督軍調京，則其參謀長當然辭職，於是以督軍為將軍，以參謀長為參軍焉，而將軍二十六人，參軍只二十五人者，則以綏威將軍那彥圖。襄威將軍帕勒塔，二人皆蒙古王公，合得一參軍也，將軍月俸千元，安富尊榮，清閒自在，實在各總長督辦之上，而陸建章乃嗤為養老院，捨去不就，而流為南北遊說之士，以斷送其身命，是亦可憐矣。

將軍府中人物，如胡文瀾、張鳳翔、湯薌銘、孟曙村等，皆曾任督軍，擁有厚資，不過假此崇銜，娛情朝市，其餘若丁衡三本富家，江朝宗亦多財，足以自娛，每冬日行六街間，見乘汽車，擁海騮豐貂外套，怡然自得者，皆將軍府將軍也。

李烈鈞、柏文蔚、胡漢民、陳炯明、呂公望五人，皆將軍，而實領南軍以抗政府。河間當國日，仍飭照送薪俸，聞為合肥所阻，其實諸人亦不欲尚領政府俸錢也。武漢起義功臣之孫堯卿，以激烈派而投黃陂幕下，由黃陂幕又轉儲項城夾袋。說者謂孫不附袁，則二次革命，武漢正不可保，未知鹿死孰手，蓋篤論也。然其銳氣已盡，又為民黨所嫉，播為種種流言，甚有訾以穢語者，北洋派即援為口實以攻之。故將軍數十人，雖苦樂不均，而至無聊者，則堯卿其人矣。

明威將軍陳宧，以廉幹有聲清季，入民國任參次，以誅張方功，復有寵於袁氏，後授四川將軍。見機不早，初附帝制，迨持正論，已為人所輕，周駿銜袁命逐之。倉黃逃出，所餘資皆囑前鋒馮玉祥攜以先行，而竟為其乾沒。陳宧不名一錢，名譽則掃地不可挽回，既授湘督，復為人拒，鬱鬱居將軍府，賴月俸以活。尤難者，其仇敵周駿，亦封翔威將軍，與之同處一府，輕薄者每並晏周陳，然陳恒不至。周則高談雄辯，摹擬陳氏反覆逃避之狀，以資談柄。又毅威將軍胡景伊，保威將軍周道剛，皆以士官學生，由陳氏保薦拔擢，得至今日。然景伊以陳有攘位之嫌，周則輕其為過時之客，皆與之貌合神離，且景伊已巨富，而陳轉蕭然，更不免相形見絀。人謂將軍府鄂人有二難，蓋指孫堯卿之無聊，與陳二安之忸怩也。

張金波者，袁世凱之盟兄張作霖之義父，巍然北洋派之前輩，而私囊為兒子所有，兩手空空，快馬之概，為之不振，終年在津門，時共許世英等觀劇，叉小麻雀，為消遣計，視前清為奉淮兩軍翼長時，氣焰大挫矣，然偶至將軍府，眾仍以老輩之禮奉之。

事務廳經手薪俸，月三萬餘，數不為少。然財部以問曹視之，積欠孔多而窮將軍賴此為活者，則日向廳員催討。某廳長苦之，乃密函京外武人，謂以軍事最高顧問機關，而人視等養濟院，未免令老將耆勳寒心。於是諸軍官爭鳴不平，財部大駭，立籌發數月焉。

十四、審計院

審查收支計算，以定歲出歲入，權皆屬之審計院，實全國財政總監督也。然一實地考查，則京外官吏，皆視之若不足重輕者，其弊則在一窮字。譬如富家巨室，財用綽裕，當然延友司賬，會計井然。若寠人子西移東挪，朝不謀夕，有用即屬幸事，何暇考正度支？今國內所有利源，抵押將盡，政府已貧無立錐，端賴親日系，老交通系，居間向日美兩國揭債，此兩系雖不必入政府，而實掌中國財政之生命，宜武人政客，皆引為腹心焉。財政部人員，固未必皆能假外債，而當青黃不接之際，恒仗其挹注彌縫之力，以敷衍一時，故其重要僅亞親日交通兩系焉。審計院斯不然矣，掌現成之會計，以挑剔為能事，人之視之匪第為贅旒，實一障礙，當公路帝制自為之日，乃特任其鄉人丁振鐸為院長，振鐸老朽頑固，痲木不仁，然猶皇皇然援引私誼，如湘人柳旭之流，皆不知財政學、審計法為何物者。從此院勢日益頹落，視平政且不若矣。

第一廳主審查外交、財政、教育等部收支計算，中惟財政事繁；第二廳主審查陸軍、海軍、交通等部收支計算，中惟交通事繁；第三廳主審查內務、司法、農商等部收支計算，中以內部管員警，支出較多。然外交陸海軍，憑勢壓人，自非本院所敢挑剔。北洋派以軍警組成內務部長，非有統率北警能力者不能勝任，故內部經費，偶有出入，亦不敢苛求。教育、司法、農商，則所謂磽田無良苗，雖搜剔亦鮮所得。於是全神皆注之財政、交通兩部焉。故第一廳、第二廳，為富廳，第三廳為窮廳。某甲為協審官年餘，自謂初入時按照表冊核閱一過；三月後，則閱而不核；半年後，並閱亦不復完矣。又有某核算官，核算教育部普通司所轄經費，數月一簿未完。人有覘之者，則一手握算，一手支頤而睡，鼾聲且達戶外，叩以若此將無了日，答曰：「子何騃，催日即了日也。」蓋逾限久，長官如催，即含溷繳卷也。

書記室中有機要、收發、會計、庶務、編譯五科。本院行使職權，勿關祕密，故機要科幾同虛設。汴人某任此，無可解嘲，則曰：「本科備戰時審查軍費也。」人皆掩口。編譯分編纂、翻譯兩處，主編譯東西洋財政審計政學書籍，及表冊式樣，往熊秉三隨端午橋考查憲政歸，所攜外國會計簿記格式，蓋盈箱篋，自負為理財專家，後任東三省財政監理官，即據以實，施然所派檢查人員，莫不徇私，而各署局購物發票，又皆自假刊店號圖記，開單粘卷，財政實未絲毫清釐。不過官廳添用雇員數人，專司統計及一切表冊即已。今之編譯新書者，正復如此。外國文牘，無可摹仿，法規則試行之初，弊即因之以生，趙智庵謂紙張潔白，字畫勻細，復能款式勿誤，俾可搪塞議會，便是審計能手。若以他人千辛萬苦借來之外債，而徒供審計官之挑剔，恐無人能甘心俯首者，是何言之痛切也！

與書記室並立者，則有外債室，邇年借債度日。此室人員，確有日不暇給之勢，據組織法則稽核外債事務屬斯室焉。然自洪憲僭國迄乎今日，借款不必盡由財部，且無一非祕密從事。借到之款，先提大半，以供黨費，臨時兵費及收買異己離間，他人諸費，是皆無可稽察者。某君主計日，見報紙登一借款消息，即致函國務院詰問，院祕書廳苦其煩，置不答覆。事已寢矣，未幾某項借款，輿論一致反對，幹木憤甚。查從何所洩漏，秘書某復謂，此審計院外債室人員所為也。彼曾有函來探問，幹木赫然，囑院長逐之去焉。然自某甲任副院長以善西語工交際時代政府經營外債，於是監督官一變而為行政官，經手既多，自饒回扣，外債室亦黍穀生春，生機勃發矣。

海軍部員有專司鳴放午炮者，月支薪百數十元。某君簽出駁詰，廳長某見之曰：「是何不達時務也？」遂置弗問焉。

十五、京師員警廳

京師警廳，隸屬於內部。置總監一人，都尉九人，警正三十九人，警、佐百廿人，技正二人，技士四人，分總務行政、司法、衛生、消防五處，以居首善為中外觀瞻。所繫枉法、舞弊之事，自較外省為少，而限於財力、衛生及諸工程多未設置完備，加以京師遍地貴官，勢焰薰天，警士對之安能行使職權，致數言整頓，而警政了無起色。今試述其弊之在總監者，在諸員司者，在偵探者，在警兵者。

總監歲入之豐過於內務總長，京師人類能言之，然歷任諸人不聞有枉法者，則經餉收捐，出入至巨，宜可自豪。惟地方官有京兆尹，而維持秩序，又有步軍統領及諸軍隊，故為總監者，例不甚負責任。某任此事，頻來往於元首總揆之門，到廳日寥寥，苟有意外事，則以電話分致各處，要其維持彈壓，故人稱為電話總監。又自孫伯蘭長內務，市政廢弛，至於今日，凡關係保安衛生上之種種，工程皆可諉諸內部，與市政公所。某總監嘗謂，願日日在戒嚴期中。左右詫其言，進而叩之，曰：「戒嚴則地面，治安自有戒嚴司令部負責，吾擔其少輕乎？」此弊之在總監者。

總務處掌會計，行政處管理營業建築，衛生司司清潔化驗，此在劣員皆可上下其手者，往聞某司會計，清釐撙節，人無能幹，以私者，同事惡之。一日送總監俸中，忽有假鈔若干，總監怒甚。某竟不保其位。或謂此有人串通總監左右所為也，又某管建築凡商肆建屋築牆，呈送圖樣，初則擱置不核以待請托甚且多方斥駁，眾苦之，訴諸商會，時馮潤田，為總理，可直接與元首談話。勢等貴官，經彼一言，某遂調他處。或謂所得並非某獨有，眾皆有分也。又某司醫藥化驗，凡藥房皆月有定饋，嘗以辦理。防疫請加清潔經費，而諸務仍舊。唯通衢要道增加清道夫，共不過百人。按月多購，石炭酸若干瓶而已，而預算月費須加萬金。實可駭人聞聽。其各區警署，則視人之手段，何如為財政之豐歉然不致若外省之包庇煙賭也。此弊之在諸員司者。

偵緝隊司探訪，凡充探員者必先熟知盜賊奸宄之情形，乃能勝任，故大半皆過來人否亦流民奸胥之流，欲求其奉公守法難矣。其大宗進項，莫逾煙賭京師煙窟，至祕密下流社會不得入，且皆名營他業，但必與警探通氣耳。販賣煙土者頗多，探士之雄於貲者則多，布爪牙以偵私土，多數報官，少數入己。達官貴人之賭不敢拿，光棍地痞之賭不能拿，其可拿者，中下等之商民耳。聞有粵人某，暗啟賭館於京師，——探士為司風遞信，月得賄五百元。他可想矣！此弊之在偵探者。

警兵作弊不易，京師尤難，惟截獲賊贓，竟有隱瞞不報者，其他規費大約有頭目人取之人民，而後分之眾警者。個人單獨索賄之事，卻不恒見。往有警兵某素苛刻車夫，眾所痛心一日，站崗梁家園西，突為人擊傷，且搶其槍枝去，以示報復。此弊之在警兵者。

十六、平政院

平政院猶行政裁判機關，所以察理行政官吏之違法不正行為者也。分記錄、文牘、會計、庶務四科，皆直隸於院長。外分第一、第二、第三庭，每庭設庭長一人、評事四人，中須有法官出身者一人或二人。周少樸以前清巡撫資格，自居老輩，而又不能忘情新朝，遂受任為院長焉。按其職務，本分彈劾審理兩端。袁氏摹仿帝制時，曾附設肅政使，以莊思緘為，都肅政。其他若王瑚之流，在清代俱有廉名，諸人興高采烈，日事彈劾，於是京師市上都老爺名號復生。然兆京尹王治馨之羅槍斃，實以口供攀及袁皇子，非肅政白簡之力。迨洪憲改元，專事籠絡，許世英參案，袁氏授意王祖同敷衍查覆，自是諸諫官氣為小挫。黃陂正位肅政裁撤，而平政院遂無彈劾之事，純乎行政裁判。然民國有勢無法，少有憑籍者，斷非平政院所能裁制，其無勢力者先自默爾，與人無競，更不勞裁判。奉天有官吏被劾，實非其罪者，欲控其兼省長於平政院，適有友方為。評事因先探之，友駭然戒之曰：「若某兼省長，大總統且畏之，敝院猶雞肋，不足當老拳，請無下顧。」又某邊地都統，以特別區域名義，與內地省吏爭行政權，經院裁判，不直都統所，為都統不甘，為書致將軍。訴巡按之凌己，將軍以同袍誼，責讓巡按，巡按竟讓權都統以了事。無何，巡按去，將軍兼任，左右告以事權不當讓人，遂復具牘索回之。事凡三變，平政院所判，初無絲毫效力也。蓋彈劾審理，俱托空言，特以院長位置耆碩，宜近有特任趙爾巽之說，某君任評事時，嘗告人曰：「敝院設一院長足矣，餘官皆閒曹亦實情也。」

平政院尤有為難者，則所處理之事，不可妨及司法官署之行使職權也。眾知其然，往往以行政訴訟，牽及私德，變而為刑事訴訟，遂歸法庭裁判。又事苟與軍人有聯，更須歸之軍法會議，客有晉謁周少樸，暢言時政之不修，諉諸天命者，少樸作色曰：「此官不能舉職也。」果舉職，政安有不修者，客曰：「若然，則審理行政違法，正鈞院事，而今日違法之甚者，莫若督軍護軍使等，干涉行政至省吏不能依法行使職權，公能先平此政職斯舉矣。」周默然舉茗碗送客行。又某某兩部員，以私意變更法律，控其長於平政院，以理由不充足，駁斥弗理。二人憤甚，則摭其贓私訴之法庭，法庭亦不理，適其戚官肅政，竟據以告元首，奉命仍歸平政審理。有人為俚詩以諷之曰：「昔日駁不准，今日親自審，有政未能平，院長大受窘。」云云。然其時尚治事，視邇來之高臥南閣者，又不侔矣。

十七、督軍署

督軍本軍官而實握一省政權，省長必得其歡心，乃能久任。權力視清之總督省長，則巡撫也。署中有參謀副官兩處，軍需軍法各課，及秘書廳、軍務廳，而諮議顧問等官不與焉。經費年約三四十萬，凡不屬國防軍隊，舉其所轄且有以督軍仍兼師長者，任何操行狷潔之人，一任督軍莫不立致巨富，歷年久者，數或百萬或數千萬以上。其生財之道，取之餉需、建築服裝者為小數，取之軍米、軍械者數較豐；若取軍費以營商業礦務，甚且販鹽、販煙或遇戰事防務勒索重餉。於中央則數皆不資，宜督軍皆富家，有開一壽筵，而用資至數萬者，清代督撫視此誠小巫之於大巫矣。陸朗齋於陝西，以私種私運獲金千餘萬，而隻身脫難。張敬堯以鹽富，張雨亭以收荒地富，楊樹棠既歿第四師軍需處掛失之票八萬元，而其妻認為己資，夫以督軍夫人存款，軍需處何以知其數目，與夫支券號數是誠不可思議矣！唐　賡、熊錦帆皆假託護法，大開煙禁，禁開則總師幹者即可攫得重金。大約一省美缺腴差，必先盡督軍所薦員委用，而省會警廳長、財政廳長尤必須得其同意。否則，軍警必交哄財政，必坐困於軍需督署，秘書恒兼他差，至參謀長副官長等。則父兄子弟必居優差優缺，外交則讓之。文官遇亂事，勝則晉勳發財，敗亦無絲毫處分。失地逃避，苟有人情，仍可隱居，將軍府月取千元，相彼督軍真民國之驕子矣。

參謀長者，督軍之腹心，副官長者，督軍之咽喉，非大得寵者不能任，更有以參副兩長兼管衛隊者，所入尤豐。某甲本窶人子，以留日士官學校歸，後得任某督參長，適值新建軍署及置地築營，皆所經手，富逾十萬，更有萃力以緝捕黨人，圖分賞金者，亦有挾制督軍分其贓私者。大約必與副官處通氣，事方靈敏副官即清代督撫之巡捕，以傳達稽查為職，恒代其督軍經營私業。某任某軍署副長時至侵扣遣散黨人費以自肥。又某省某師開赴前敵，為人煽惑，勢已岌岌，副官長請行囑攜五萬金勞軍，而先據三萬為已有，後實費僅萬五千金，為師長一人所得，叛謀遂中止，而某則三萬五千元入橐矣。又某軍署參謀長，副官長，均督軍弟子，軍需課長，則督軍快婿也。三人皆精幹，互相爭權，眾稱之為珍珠、瑪瑙、金鋼鑽、珍珠，指參謀長，謂其圓到漂亮，若走盤之珠也。瑪瑙，指副官長，謂其雖紅而價賤，忝列八寶中也。金鋼鑽，指軍需長，謂其尖利，無堅不破也。一日為督軍所聞，值宴客謂幕僚曰：「三人被此美號，吾將何居？」時諮議某已被酒含醉，對曰：「明公其盛寶之櫥乎，有此大櫥諸珍乃備。」督軍不知其為諷辭也，軍需長在座，惡其狂，後假事誣以亂黨嫌疑，非賴人救，幾罹槍斃云。

參謀副官，非軍官不能任。秘書科長、科員諮議、則不拘資格矣。鄂人某以留日法政學生歸，倚黃陂力，得為某省軍署軍法長。其人固吸煙，身弱不能早興。一軍官參謀長戚也，以侵餉歸，軍法課訊辦，某不受囑託，依法嚴懲，參謀長銜之，自是每晨六鐘即速之來，不容少遲。未半月某已委頓不能起，乃告督軍以其癮作，曠公。然督軍實吸煙，特妻妾外無人知之者，聞以為諷己，某因此乃得保其差使。

某軍署譯電員某月俸五十元，然為狎遊纏頭，費一擲百金不惜，服御尤輝煌，同事者妒之，紛騰謠諑後副官長，所賞妓，復為某眷醋海波興，而某弗覺也。一日督軍親率侍弁，突蒞其臥室檢查，見服用華美。督軍怒甚，跌足歎息謂吾竟為小子所誤，呼弁縛之，某惘惘不知犯何罪，已而搜其篋，得滬某銀行函。蓋某中某獎券二彩得萬金，由銀行匯來者也。督軍恍然，問得彩何事？祕密曰：「是間多親友，恐告家長，則已不得恣用也。」遂略申斥數語，皆誡其奢侈者，遂解縛了事，未幾副官長竟免職。

其尤易滋弊者，則偵緝處當袁政府時代，此為各軍官，考成歲糜巨帑為偵緝費。於是有調查員、探員、探士之別，且各分頭二三等。非投誠之黨人，則無賴之游棍每一統率，辦事處，電至則此輩財源開矣。平日揑造報告甚且偽制證書、符號及宣言書、名冊等，以聳動故偉人之名，大半皆偵探所造成。果能緝獲民黨重要人物，賞金雖豐，而將軍參謀副官層層剝削，探員到手不過十分之二。於是紛紛自向中央接頭，而統率辦事處、軍政執法處與參陸海三部之調查員，亦連袂南下矣。

十八、省公署

省長為一省之最高級行政長官，道尹縣知事等，其正轄屬吏也。財政司法，則以受政府特別委任，有監督權，近復兼轄教育實業兩廳，其權力視清之巡撫焉。然以武人權重，不得不屈節以事督軍，又畏省會彈劾，不得不聯絡議員，故營私舞弊之事，雖不能免，而心終惴惴。某任四川巡按，本為將軍汲引，於是財政廳官，銀行等皆畀任私人，部有駁詰則挾將軍力以抗之，經征員各視所入，報效三成，巡按與財廳長勻分之。又多制紙幣以屯購軍米，收買官產現金盡入私囊。其弊竇為各省省公署之冠，其人後雖提交法庭，而卒賴金錢運動力，僅坐輕罪。又蜀人某署甘肅巡按委員知事，皆懸定價盡廢資格，一陝人素販帽纓，售之京師富至數萬。入民國失業，乃以三千金為其子運動，署甘肅某縣知事，履歷揑書前清後選道皆巡按署所代造。是尤荒謬之甚矣。

某省長以經眾醜詆，知不久其任，適有奸商請弛米禁，遂大膽批准。實納其賄十萬也。已而賴某要人力，政府久其留任，而訪確軍署、財政廳得米商賄且二十萬。而省議會質問則第詆省署以為過，歸已而賄，乃視他人為薄，大憤，欲更前批，而軍署持之，力竟無如何。大約販米運煙賣礦皆前代奸商劣紳所為者，今利歸地方長官矣，任用知事等官，前代有扣選有部駁，且須兩司上詳，而實缺人員必奏經飭部核准。今則實缺少，委用隨心，無論何省知事，官非他有奧援，必不能在任至三年。而江浙兩省更調尤煩，更以某缺調某缺者為多。宜人言嘖嘖，厘稅雖歸財政廳任用，而省長囑委者，固當如命以報。如江蘇稅局以上海、無錫、下關為最優。無錫為省長侄婿，下關為省長世侄，上海則傳聞所得之款歲提若干，以報效省公署。某甲任某省長，未抵任時，即通書某地。某大老執後輩禮甚恭，既受事，又畀大老子為第一科。科員弟為教育廳科長，自是報紙士論皆有頌言，所送預算案，省議會絕不吹求，即為通過，無何突以霹靂手段，攘某地礦廠為官。有為之鼓吹贊助者，即亦某大老也，已而二人竟參商大老，幾以忿死。眾莫解其故，後聞所親知內容者曰：「大老垂涎礦廠久，而又不欲歸公司辦，甲知其意，許以先收歸官，間接以歸諸彼，喜甚。故畢力贊助，目的已達，甲竟食言，以之抵押債項入私至三十萬。自是與大老疏闊，大老身被眾譏，而一絲未得，托人告甲，謂將以老命拼之。甲笑置不理，此老愈忿，乃告督軍，督軍果怒，省長亟以十萬元為壽事乃已。

省長為封疆大吏，而冶遊飲博，則有同駔儈許俊人官福建，賃屋城外貯妓，時共幕僚歡宴。孟秉初官吉林，遊長春，日大召南北妓女優侑酒，竟以罷官。尤奇者邊省某省長微服偕庶務員出宿妓家，庶務員乃串通他人，就青樓中困之，費二萬元始得出。某尤不悟，謂非得庶務為調護，已將不免，酬之以甲等知事缺。某竟娶是妓之官，省長聞之忿欲死，假其經手浮支事劾罷之政務廳長者，省公署之主任，佐省長為治者也。然亦視其人為何如，若浙省之廳長某甲，則權尚不逮秘書長，蓋省長本欲擢秘書長某乙掌政務，適乙方覬覦省關監督以政長，例不得兼差，遂薦甲自代。未幾，乙果兼省關，而省署用人行政權仍操其手。甲持代表省長蒞會見客，人擬之為省長模型焉。又鄂人某任前清四川道員，以善烹調得上官歡，入民國劉心源薦任湘政廳長務，頗賄賣官缺。其法則一缺出，彼即擬人請委而托詞曰：「此人將軍戚友也，不速委且見怪（時將軍亦其鄉人）。」否則謂是人與京中權貴有連，劉本衰老，竟聽其捉弄。又皖人某前清山東道員三年，前任陝政務廳長，其人起家營伍，喜狎遊，為省長所斥，則以開煙禁事反唇相譏。省長無如何也。

某督軍任省長，以其弟為參謀長，不饜所欲。乃令兼政務長，以格於例。故稱兼署凡半年，積資五十萬，則鬻官販鹽所得也。又某省長以宿逋重日恒鬱鬱，政務長進曰：「近有商人願以重賄，乞開賭禁，軍署已運動成熟。公如許，彼償宿逋，且有餘。」省長喜過望，囑某為說和，已而禁開，賄殊不至。問某，某錯愕若未前聞者。知為所紿，議收回前命。督軍誚之曰：「我武人只知諺所謂得人錢財，與人消災，而過河拆橋之行所深惡也。」省長忸怩去，而京電已來調某入都供他職矣，其運動費亦取之於賭賄也。

科長科員或歸政務廳節制，而為科長者，必與省長有密切關係，故廳長對之不得不假以辭色。若嫌其無能，或厭其作梗，則反為之營求調劑，使離省署，特不能得優差缺耳。聞某省公署科員某者，實省長之西賓，以假道學善談因果為省長太夫人敬重，以月俸代束修，某雖排日到科，然一至即行，初不辦公。一日復辟，耗至某靴帽袍褂，詫詫入署，勸廳長即懸龍旗復宣統年號。廳長厲聲斥之，某忿稱病，不蒞館。太夫人慮其孫廢學，令人往速駕，某乃吐實。太夫人怒責省長不應慢賢。省長弗獲已乃調之為秘書。始復來授書蓋以政務長一斥。遂由五十元進為百元，後且酬之以統捐焉。

秘書者，省長之內幕，為其長者必腹心。余則界在遺老之舊官僚，與夫報界知名之文豪數人。所司則私書、訓詞、演說稿之類。近世富商巨室凡為長者，稱奇必廣徵詩文，所尤重則督軍省長之聯額。遇此類事，則秘書財源開矣。撰書聯額有贈代表往賀，又有贈浙硤石某商為其母稱壽，秘書某代表省長往致賀，獲贐二百元。他珍物稱是以歸，眾羡其行。已而上海某洋商慈善家也，園林落成，省長題聯額為贈，某復請行。秘書長尼之另畀之所親焉，獲饋遺果多於前。

某君古文家也，以某逸老薦得為某省公署科員，月薪六十元。碌碌隨人，未嘗邀長官青睞，一日，有慣弄風雲之武人號稱小肩子者至，省長署之席間，盛談古文，謂已嘗刊《吳摯甫評選》、《史記》又友林琴南，問公署中幕僚亦有林乎？主人不能對，適某遺老在座，舉某以對，翌日小扇子以家傳來屬撰。某乃師零川摹望溪以應，大獲稱賞。未二日，已擢任第二科科長矣。然實迂闊不能治事，政務廳長患之，乞省長調為秘書。某以薪減拂袖竟去，無何入段幕。省長乃任其子為某縣警佐，而於政務廳長深致不滿云。

十九、大理院附總檢察廳

為國立最高審判機關，在司法獨立國中，當然非他人所能干涉，即吾華帝制時代，法司之強毅者，亦稱曰執法如山，可以想見其風采焉。民國肇興，尚略具司法精神，其時勿論何等要人，苟被控訴於大理院，傳訊不敢不到，判罰不敢不遵。自宋教仁擊斃，上海審判廳，據供依法，票提國務總理趙秉鈞赴滬備訊，且以票遞寄京師檢察廳代傳。趙智庵氣憤幾死，而不能加法官以罪也。袁氏始知欲鋤異己，法界必當收為我用。於是以大理院為下手處所，自院長以下，皆餌以好爵，加以殊遇，北洋舊僚更聯翩加入法界。從此貫注一氣，迨第二次革命事定，總檢察廳即提起內亂訴訟，指控諸民黨。大理院即據以呈請通緝，命下，開國偉人，皆褫爵官職勳位，嚴緝歸案訊辦，無一得免者。適袁氏晏外使某，席間盛言己意未嘗不欲成全民黨，奈民國以法治，今諸人為司法機關依法指請拿辦，雖總統亦無如何，言竟狀若懊惜者。某使信之，退而告人曰：「司法官皆舊黨。」故主排除新黨，此事在歐洲歷史上，亦恒見之，非項城罪也。某甲以留學生適任推事，聞之，立請辭職曰：「果若此，他日革黨再起，我輩且上斷頭臺矣。」是時民黨報紙，竟大書特書，袁賊收買軍人，收買議會，收買法官，實地調查，上二者固不免餌以金錢，法界則確無所得。不過，經理此案者，或超擢，或他調腴，缺皆能速化，故眾謂一呈請褫奪緝拿勳將若干人，實大理院第一露頭角日，亦大理院諸官，第一邀寵元首日也。

迨西南自主，孫中山開元帥府於廣州。朱淵源抄襲東文，呈請政府下命通緝，而元帥府亦如法以報之。朱氏竟附段芝泉梁卓如湯濟武三人之後，標列大名。由是段寵益專，移法長，兼內長，安福系且欲請其組閣，此大理院第二露頭角日，而法界乃實行歸入政黨旋渦，獨立精神，掃地無餘矣。

清代京控，多發回原省，罕有提歸部訊者，大理自不能覆循此轍。然原被告或已為高等地方廳判決罪名者，一經起解，慮其潛逃，又不能如前清之委員專解，准理提訊，殊難率爾。然呈訴手續，若果完備，復不得效往代聽訟以情理兩字為准駁，除當發還原廳更為審判，或指定其上級法庭受理者，自可依法核辦。若案須提院審理者，則至為不便。某報謂大理院當改為不理院，正謂此也。

大理院為上告審，不能於違法問題外，為本案事實之調查。只有發還原廳，原庭依法，更為審判之，一法故原審官判決任如何疏忽武斷，既不能如前代予以處分，又不能如歐美之法官，倚重私譽，宜其聽斷，可以任意矣。往者旗人錫光，塋地被宛平人王祿侵佔，因係清代恩賜地，龍票遺失，故於辯論中願放，棄土地所有權，只求收回先人遺骨。京師高等審廳推事並予斥駁，錫乃上訴於大理院，適旗籍人員煩言勃興，而自治局管塋人，及原告家譜證據確鑿，皆可明所訴之，非誣，大理院不得已乃撤銷原判，發還原廳審理焉。又田土訴訟，在前清時勘明始判，判詞中必指明東西南北四至，以為管業之據。此州縣衙門戶工兩房，書吏所諳練者，不謂大理院，以國立法院。法官皆法律大學之畢業生，乃竟不諳此例，如雷鏡超雷維傳，以爭樹場涉訟終審判決，並無四至，原被告均無從管業，律師張孝琳為之聲請追加判決，始定明四至。在上訴人經此手續，所費不貲，而當日原判之某法官，實以亟赴妓筵，神智已昏，故留此遺漏，人多傳為笑談云。

許世英長法部時，援其奉天舊僚鄂人劉某為總檢察長。劉留學日本，以患穢瘡歸，並未卒業者也。嗣隨管鳳和至日，乃討得一文憑。後任奉天審廳推事，許矮方為廳丞。二人排日游，平康裡，交若昆弟。迨許擢總長，拔茅連茹，則遂一躍而為總檢察長，然其人除嫖賭外，無一長。以與陳二安戚誼，故鄂籍軍官，亦多共狎遊，勢頗煊赫。嘗宴客於王廣福斜街某妓院，徵侑觴娼至百餘人。識之者曰：「此間不愧總廳足下長留此地，檢察可矣。」聞者絕倒，蓋京津以妓館為廳，故呼龜奴為跑廳者。劉以數染梅毒，頭頂濯濯，建議宜仿日法，按旬檢查妓女下體，故人以是諷之也。又許矮曾召集司法會議，劉為副會長，一日開會，人已畢集，而副會長久不至，眾喃喃有怨，詞當事四遣入迷之始至。坐方定，衣袖間一物墜地有聲，幸為一侍役立拾去，人不及見，後此侍役告人曰：「是蓋一麻雀牌之紅中。」劉是日方為雀戲以催促，勉強赴會，故是物藏衣袖間，後持以還之，慨賞以三十元，而戒其勿告外人云。

二十、交涉公署

有特派交涉使，除江蘇駐於上海，餘皆駐省會。又有交涉分署，則駐椉商埠者也。二者或置專員，或以道尹與稅關監督兼充，初無定制，世謂弱國無外交。而中華交涉，轉須按省、按埠設官者，以失治外法權事涉外人者即脫內務範圍也。官雖隸於外部，行政則當受省長之監督，組織法則特署置四科分署置三科補黜之權，純操外部以缺非甚腴，而易招侮辱。故民國官吏鮮久任，獨此缺得數年不易人，且可前後數任，如陳安生楊小川之於江蘇是也。自光復以來，民教案漸鮮，除奉吉山東與日本接近，外交無理可言，此外租界地方，亦時有糾葛。餘則發給遊歷護照，招待外國，外領事直無事可辦，聊備一官而已。

粵人某甲以道尹兼任某省外交特派員，蓋前清時之出使大臣也。欲假事恢復租界，上訴權已於署中置公堂且示審期矣。外人乃禁原被及律師，均不得上堂。甲候兩日，獄訟不至，用大窺喪。一日有德奧人獵於內地，為鄉民所侮，外人照會來詰責，甲立飭，警拘鄉人送之租界審判。署其不明事理，喪失主權至如此，而以顏厚喜邀譽能演說。當道遂信其能，數罷數起焉。又某特派員以督軍開煙禁，頻受外人責讓，忿極數千冒軍威以爭之。督軍佯遜謝，暗令人伺其過。而總務科長者，某之僚婿也，素嗜煙。一日為警廳所拘，督軍因晏外人，席間起言，予極主厲行禁煙。柰官吏多陰違，今員警所拘煙犯則交涉署科長也，可奈何，某固在座聞之，赧甚，越日即辭職。

與外人交際，歲時晏會禮不可缺。鄂人某任東省分交涉員，務為苟儉公費，皆以入囊。遇國慶日，則讓之道員，謂主人當屬地方官。外人請晏則以病辭，道尹某疾之言於省長電部撤之去，計所私公費不及千元，既還京師運動復官，為公府侍從武官某所騙費三千金，而消息渺然，竟忿死春明客舍。

留日學生某，任某特派署通商科長，時洋商所運棉紗偶為厘局留難。領事來文抗議，適綰厘局者，某之鄉人也，乃為密函告之曰：「洋商以留難，久須責賠償，現奉部飭賠款，擬責之貴局，望速以資來，便為營免。」是厘員素拘囿，得函竟仰藥死，亦無人為申理也。某交涉署譯員者，翩翩美少年也，初與外政科長之女公子訂婚，已而背約。為交涉員所知，嚴斥其非，某隱懷恨，遇日領來晤或公文至，翻譯故入以錯誤，坐是交涉益齟齬日人言，諸外部卒免其職云。

二十一、教育廳

教育廳職專而權弱，地方官不盡受其指揮。索款過急，複易開罪長官，寅與僚滑吏紅員所弗樂就也。且積欠學款甚多，欲更一校長，必清結舊欠，而中學以上之校長，亦如督軍同盟，其黨盛望。重者視廳長蔑如也，邗上某君以堅附河間得簡，安徽廳長乃為倪嗣沖所拒，不得之官，至今以諮議顧問等職往來京省，不求復任。蓋亦深知此席之不易且無味也。

某省教育廳長，清代老官僚也，蒞任後為所屬藐視。某殊不以為意，然自是遇學界風潮，頗右，學生管理員窘甚。後請辭，遂盡易以私人，其中校積習重，號稱難治，則以附亂嫌疑解散之。或謂校中藏炸彈，為督軍搜得，實某囑管理員所為也。於是各校皆從嚴取締，眾竟無敢與抗者，當道器之非病死者，且任督軍矣。教育會長某甲，初與反對，後甲以其前任某校校長時，有經手建築製辦儀器款項不實，事為人所控，賴某為覆掩，得無事。以是感激，遇事皆與表同情焉。

教育廳之科員及省視學所希冀，則委任校長也。然本籍要紳及有名教育家，遇各校長出缺，往往硬薦卻之。有所不能受之，則缺額不敷，乃手啟通告以用人。一秉大公不顧私交，乞京外寅僚，見原毋頻，賜薦函。已而，某中學校缺出，省公署第一科長，薦其弟京師大學學生也，拒之。逾月，省立商業學校校長缺出，所委任則本廳科長之內弟，高等師範學生也，省署大嘩，自是事事掣其肘，廳長思入訴於京部，已稟辭行矣。省長乃電國務院，謂其擅離職守，竟易他人焉。

某省教育廳，由廳長發起儉德會，有為會長在廳，人員皆布衣蔬食，幹事長則某科長，幹事則庶務員也。學界入會者頗眾，成立年餘，推及各縣，有人調查其內容，則本廳科長科員。視學以及各校校長等無一非儉學德會會員。眾始知其為特別機關，教育會至投書質問，賴運動力調任他省焉。

二十二、稅務處

以海關皆稅務司主政，而稅務司初屬總理各國事務衙門，繼屬外務部，後乃以那桐為稅務大臣，那未任外官。未管內務府，而家產豐富冠旗籍，金魚胡同住宅，費至百萬，其來源皆資之稅務也。入民國後，文官鮮得久任，獨孫慕韓任稅司督辦，幾及五年者。第一原因，以數任使事，與外人融洽，稅司洋員，更為水乳，並非藉項城餘力也（孫袁戚誼）。第二原因，以不過形式上為稅務司之主管衙門，實際上洋員既不服從，而各關監督之補黜，皆財政部事，若滬津粵各關，有時財部且不得專柄，稅務處更無從過問。夫前清以外部尚書，兼管稅務，關道奉命唯謹，不但饋遺主管大臣甚豐，即稅務處司員，年得冰炭敬，亦屬不資（其時汴籍曾某，以外部司員兼稅務差，謂一年可多得萬餘金）。今則事權不屬，外款寥寥，孫慕韓謂尚不足敷用，宜不為人所垂涎矣。

某甲諳英語，風采翩翩，以善皮黃，為抱存公子所賞，薦之入稅務處充科員，月薪不過百元。彼乃行賄督辦之汽車夫，每日督辦到處後，彼即衣冠楚楚，乘此空間之摩托車，以遨遊於洋行及諸巨肆之門，日以為常。處事本簡，督辦復倦勤。科員辦公與否，本無人稽查，故督辦到署之時，遲片刻，甲即翩然出矣。行肆中，人固識此車，以為甲必督辦至戚，有擬之為義兒者，有擬之為快婿者。彼乃乘此機會，向各處賒取貨品，數月間款幾逾萬，而所取貨則半入質庫，易為現銀，供其消耗矣。知事不可終掩，乃托詞省親出京，一去不返，如黃鶴然。又滬關某監督病故，以為第一腴缺，京員紛紛運動。皖籍某甲，在清代以道員曾隨使英倫，李瀚章戚也。適在京，托李偉侯等為運動，殊無效。一日邂逅某乙，蓋留英學生，在倫敦時舊識也。叩執何業，答供差稅務處。甲即邀之至妓館，告以所欲。乙答此財部主政，無與處事，但已否定人，督辦必先得消息，吾當為君探之，約翌日報命。次晚果如約至，則喜形於色，謂不特人來定，且有機會，可為君經營。蓋督辦欲南下掃墓，正缺二萬金，子能如數報效者，督辦即破格薦君於元首，事必諧。甲約必揭曉始付資，乙亦慨諾無難色，惟謂人心不古，恐多糾葛，命下時交款不得逾一句鐘。甲亦署諾，越數日，乙晏甲某妓寮，談宴正歡。一客闖入，狂呼賀喜。甲視之，則舊友某丙，供差印鑄局者也。謂甲已授江海關監督，彼得信狂喜，至其家道賀，始知設宴此地，當有以款我，且語，且探懷出印刷品，蓋政府公報樣張。甲之委任，炳然在焉，驚喜交集。乙掀髯笑曰：「予言何如？」語未竟，一華服僕人入，附乙耳語竟，垂手旁立以待。乙拉甲密告曰：「此督辦家人，來取資者也。原約不得逾一句鐘，尚乞勿食言。」甲方忻忭，因立引之至家，出所蓄鈔票二萬圓，如數畀之。越日興閱報，不見任命，亦無賀喜者，至往詢乙。謂已因公赴美矣。往詢丙，丙不承認有是事，謂昨方病，不出門一步，君豈見鬼乎？以無證據，且己亦幹行賄罪，竟默爾以息，從此去京適滬，不再作春明熱夢矣。

二十三、財政廳

財政廳掌一省收入支出，厘稅員皆歸其委任，即縣知事之遷調，亦得參議其間，誠外官之津要也。其大省之廳長，皆財政總長選腹心充任。能別開生面多籌收入者，可上邀元首，眷注而內為財部次長，鹽務署長，菸酒總辦焉。聞之關中某君，歷為廳長者也，其言曰：「方今無米自炊，討好實非易。易第能僅守四字訣，則官運亨通必矣。一曰軟，應付本省軍需，無論有錢無錢，而對於軍官總須軟求巧推，切不可露一絲鋒芒，以觸其怒。二日硬，收入只有此數，而政府命令，不曰推廣教育，則曰振興實業，實皆敷衍眾人耳目計耳。於此等處當一手握定，勿絲毫放鬆，萬勿勉強支付，使後來者接續而起。至報章之毀譽，更所不計矣。三曰奇，何為財政家能開源是也，但自袁政府以降，驗契公產沙田鹽稅煙酒公賣已搜索殆盡矣，非能異想天開另闢蹊徑，收入必難增加。於是乎種種新奇之苛斂法出焉。四日正，此一字為今日官場字典中所不見，而任財政廳者有時反籍其力。約言之，則能以正論，非絕私交而後用人之權，為己操，能以正言應付議會，而後行彈劾之風潮可免。他若催徵此稅，亦當嚴令正色以行之，而拖欠短少乃是一己之操守，則不預焉。夫軟硬奇正道不並行，斯獨以一身兼之，宜其可膺上考邀顯擢矣。

滇人陳某固牧令，官貴州，緣事罷職。入民國乃夤緣得為財政廳長。所轄厘金四十餘處，無一非賄賣者，過付人則坐省也。他省官場坐省皆家人，滇獨稱省號為幕友，一各屬解款皆由坐省經手，上庫因有所挾制，坐省者於解款到日，竟留以營運，非年終不為清解，陳嚴催之，眾竟反唇以對。無何有兩省號以官款，買空賣空虧幣巨萬逃之港滬，陳乃因是褫職焉。

財廳例設總務徵榷制三科，置科長科員如額，而另有庫員，以司庫藏。某甲任廳長日，三科長，則一僚婿一甥一為督軍所薦。其人恒在京，若支乾薪者，事皆科員某代辦則廳長之表弟也。科員為其猶子，人稱之為親貴內閣焉。然四人中，其三皆留東學生，自命為經濟專家。於廳中開財政會議，召所屬官咸赴會演講者，則兩科長一庫員也。所刊表冊，簿記式並精番，又月以四百元津貼省垣某報為之鼓吹。甲雖已半百，猶西裝革履，每各團體開會，必至演說。坐是聲望日隆，得遷擢去。去之日送者載途，然其在任日，以公款販米賄賣稅差，又佐督軍暗借外債，得回扣若干，囊橐固富有矣。某廳長以撙節為眾所惡，稱之為猶太人，在任兩年，啬出豐入庫有餘。金省長思撥用嚴詞拒之。一日忽傾所有以清欠餉數至百六十萬，蓋師長某將卸職，乃因官銀號經理某為說合實領，七折計廳長入私者，四十八萬酬說合人，以五萬省長微有所聞阻不任發事猶未決。而財廳來報，城外兵士，有挾械入市者，勢洶洶，警力不能阻，乞示方略，省長大駭，猶太人進曰：「禍在眉睫矣。」不速發者變立起。省長無如何，聽其所為。地方得無事，商民中，竟有稱頌之者。

某廳長者，性奇啬，當官日頗舞弊自肥。而所屬幕僚，殊不得分潤，以同盟罷工儆之。笑答曰：「今求事者，踵相接，若輩去，莫愁無人為替。」眾果不到廳辦公，且列舉其舞弊條款，來質問，限日答覆。某不得已，請人為調解。調解妙法，則後有稅差出，當先盡廳員委用也。以此事得解，已而某聞諸員尚有祕密，條件則一人調劑出外，必按照所得，提半津貼在廳者款歸總務科經理，年終均分之。後得調劑者多背約，年終分數寥寥，眾忿之。務挑剔公牘，以快報復，某則必為平反，眾喻意津貼，竟停止。又有疑為總務科長中飽者，某科員，乘醉毆之於娼寮，致為員警干涉，某乃言於省長，謂廳員積習難除，非盡予撤換不可。省長亦憤諸人不守官箴，許其所請，於是什易其八。諸人欲再揭其舞弊事，則已彌縫無跡矣。某今尚居顯要，其智計誠有過人哉！

浙江某廳長，民黨偉人也。洪憲倒幕後，財長為其留東日舊友，因畀以是席焉。某則賄賣稅差，上中下皆有定價。一日委候補知事，某任浙東某統捐腴稅也。聞為杭垣一錢莊所說，合先付千元，接事三個月，後再付二千元。其人到差兩月後，以病重辭職，某方思覓人繼續且擔認是二千金賄款，而督軍已指薦一人，勒之立委，雖不敢拂，武人意而心終怏怏不能忘情前賄。無何是人以病癒來謁，微露前千金擲虛牝意，某慰遣之乃囑錢莊，告以果能補致二千金者，當有以酬報其人諾，遂薦於省長委任。某縣知事已而賄，竟不至索之報以惡聲，方思報復，則已已免職。或謂其人病非真，督軍所薦者，即其內弟，其在差兩月正逢旺收，私入已豐。後且賴以得權知事，所費僅千元耳。又聞某嘗許其同學友某甲充某地，繭捐以索賄，不遂中道撤換。甲欲扭之，鳴於省公署，饋以三百元，始息事云。

汴省財政廳長者，前清滑吏，以河南佐雜起家，東海之紅人也。入民國，曾征漢口貨捐，國內第一腴稅也。而卸任時，尚有虧欠，其豪縱可想矣。既就沐任其廳中，科員強半，追逋者。私邸以姬妾眾多，月費以千金以上，而所入則視漢稅大減鬱淘甚，制用科長，某乃獻計請，發行本省公債三百萬，於折扣中取其什二，亦六十萬矣。某喜甚，言於兼省長以某地礦廠為保證。事為實業廳所聞，執不可，又慮財部不能通過，議遂輟。未幾復有獻計者，請按四川等省例，每縣置經徵員知事，不預財政，而經徵員必由廳委。若此則範圍，擴張生財自易，某韙其說議實行，兼省長，本武人，無所可否，而諸官僉以為不便，乃暫止。然某仍欲進行，且時搜索羨餘，紹興某君任修武知事，竟面斥其非焉。

二十四、實業廳

實業教育兩廳，設立未久，其重要皆不及財政。然吾國賴外債為活，揭債必先籌抵押品，稅鹽各項，為質已罄，幸地大物博，外人方資我原料。故言財政，則借債，借債則以實業為質。二者息息相通，權勢自在教育之上。說者謂實業抵押外債，第二步則必有人受政府意旨而糾資設立公司。若無人反對，即由此直截引渡以歸。外人若有反對，則政府佯為不省，而卸其責實業廳廳長，設以此免職，不久即他有位置，且視此為優焉。斯即民國振興實業之大計畫，而各省設立實業廳長所由來也。

某甲已被命為某省廳長，堅辭不赴，或叩其故，曰：「已成實業，寥寥無幾，即有亦握諸強有力者之手，吾輩無從干涉。其他則商工各會恃團體以抗官，則優為地方開利源則絀政府，已屆破產，安有餘力以謀惠通。吾何樂就此哉？」乃薦其表弟某乙，以代乙至任林業，借款成，以一手經理獨得回扣十餘萬。乃呈請撥官荒若干，頃謂將置模範農場，又撥官山若干座，謂將置模範林場。久之開辦經費不至，告省長曰：「費絀，聽地荒廢可惜，不若招商辦理，或以山地貶價售之人民。」適省庫如洗，竟從其議，山與地皆為某墾荒公司以賤價得之。組織公司者，非他即乙化名所為，領荒費則取諸林業，借款回扣也。以此營運，年年寄家至三十萬且驕甲曰：「今竟何如？」甲太息曰：「今而後始信諺所謂事在人為。」

清代某殿撰，入民國以公府秘書，外任贛省實業廳長。行之日贛巨紳隸安福系，而充國會議長者，設盛筵款之，謂將集資以營本省礦業，某知其有異漫應之。抵任未久，城門山賣礦案作。蓋安福黨欲間接以售諸外人，為黨中擴充經費也。某即托人達，巨紳謂茲事體大不敢負責，任巨紳以空言報之，謂事成當為營遷擢某志，固不在此也。俟議會及人民質問，竟送礦照於省公署。雖農商部申斥，亦弗之顧，而輿論仍多詆譏，內複不容於段徐自請辭職去，至今不得置頓，或謂江西富竹產紙，自歐戰，作紙價增至數倍。某上將欲營紙業，攝元首日，某以秘書得上寵，故以是界之安福系，素以某上將為勁敵。因並惡某使不得著手進行云。

某甲自謂卒業於日本農學，或則謂其文憑為捏造。某廳長初調之充科員，事同官若前輩言必稱晚。眾皆昵之，獨科長某乙，呰其卑鄙，而乙則廳長腹心也。甲仍謹事之而暗探刺其劣跡。舊有劣紳某丙，領照開礦，中有鬼蜮，乙實得其賄五千元。眾無知之者，至是為甲所悉，通信報館，揭其事於報端。地方紳民，紛起應之爭攻擊廳長，甲祕密請見，謂事屬乙，而公被謗。某所不甘，故已調查，得其收賄月日，及寄資地點，望立送之法庭。某願為證人，以洗公謗。廳長殊踟躕不能決。甲曰：「若此則彼之行可也。」廳長喜如法為之，即以科長缺酬甲，既操事權復出證據，恫嚇某丙，丙再饋以五千元始已。

皖北某甲，清宰相裔也。北洋派多出其祖父門下。甲以揮霍殘罄先業，投入安福黨，師賣城門山礦產法，議售其鄉。某礦山於外人黨中。資以重金，令南下議辦，實業廳科長某乙，為運籌偕之。至滬日共狎遊兩月，費二萬金，又蹅之蕪湖。數輾轉間，曾未半年，十萬元告罄。乙所入居其半數，同官忌之，言於廳長。廳長以詰乙，殊不諱且曰：「克日即便令其奉三萬金為公壽，何如？」廳長慍解。未三日，果如數以獻。蓋以行賕議員欺甲，甲方懼省會異黨者攻擊，故奉酬無難，包然後以內外責難，事竟暫輟，而運動費二十萬去不復返矣。

二十五、蒙藏院

五族共和，蒙藏乃民族之一，當然無別立官署之必要。徒以俗尚不同，封爵未除，故其事項，不能隸之各部署，一也。自入民國，外蒙首先獨立，經幾多之勸導，始改自治，而內蒙如廓爾羅斯諸旗，亦時有蠢動。西藏則自達賴私歸後，意在為虎作倀，窺伺川邊，征防化導事以日煩，二也。蒙古王公在京者，無所事事，而其中盡有明達事理，聲勢足號召蒙人之材，勢不得不設此院以處之三也。其組織法，設總裁副總裁各一人、參事二人、司長二人、秘書二人、僉事十二人、主事二十四人、編纂翻譯十四人，總務廳轄七科。第一第二兩司，各轄三科，外有秘書室，任總裁者，以貢桑樂亭為最久。其人明敏英銳，敢任事。當陶克陶煽惑內蒙之日，頗賴其維持防制之力。第輕佻好冶游，故蒙藏院官吏，相習成風，大半稱嫖界鉅子焉。

旗籍榮某，本成都將軍恭壽子，榮祿之侄婿，項城之舊交也，遂被任為副總裁，院章總裁主持大計。若本院事務，綿副者管理，榮固擅綜核，頗撙節小費。屬官銜之刺骨，報紙亦頻有譏詆，然項項信之專，無如何也。恭壽在日，曾權川督，司閽者張姓，索賄得十餘萬金以歸。庚子以賤價收屯京官宅邸賣品，因以益富。後啟照相館於京師，民國劃鋤階級制度，遂希冀入仕籍，而經營蒙藏院會計尤力。榮以乃父因張，不得良死（恭壽以參案吞金自盡死）。拒之甚堅。張愧憤，乃串通雇員，捏造條件，謂榮中飽院款五萬餘，刊為傳單，散之眾人。適院員方惡榮甚，遂擬集合呈訴，幸參事某有識力為解釋，事始得寢，而榮終不安其位焉。

江南某君，以拔貢服官北洋，後入陸軍部，嘗權侍郎，少少讀李若農何願船諸人著作，遂自謂諳習蒙事，數條陳邊務，復刊書以貽人。因是得微名。入民國，遂躋口北宣撫使，蒙藏院副總裁。其口北之行，凡蒙古台吉王公少富者，莫向之借貸，因獲重金以歸，素為駐京蒙員所鄙棄。袁氏聞之，笑謂某服官多年，何由不改招搖行徑。副總裁位遂不保。聞其在院日，頻設宴宴蒙古王公，而每宴必有請托，眾皆苦之，嘗為那彥圖所面詆，不以為赧也。又其私寓陳設，亦以責之庶務科，科員某皖人，故意為鋪張，地毯壁鏡，銅床檀椅，並摹西式，且與約曰：「購物至苟合公意，乞簽字發票上，科中即照付資。」某以利昏忽忽許之，逾時是科員手其簽字發票來謁，謂算結實欠五千元，乞立付免。下吏為難，某大錯愕然又無詞拒絕。後賴某司長調停，始允陸續歸結，而見者謂諸物實不值三千元也。自是始不敢責庶務科供應，今其人無聊甚，騙得東海萬金，南下組織政黨。不逾日，以內閣改組，黨中多流氓過門者，皆唾棄不顧云。

鄂人某甲者，夙肄業自強學堂，為梁星海得意弟子，亦略讀朔方備乘諸書。自負邊才，蒙藏院成立，即任為參事。是時院權皆操其手，遂壹意援引私誼，又倩其鄉人能文者，擬為條議，上之袁氏，素服其才，數傳見諮詢邊事。蒙古王公，以其得主峰歡，多與論交。甲亦揮霍，應酬周至，自是望日隆，遂擢為邊地都護使。辦事大員，嘗聞僉事某君言，甲腹儉而喜獵文譽，蒙古貴人之喜吟詠者，多與唱和，又時瀏覽佛書，多記梵典，以資談助。編纂科編纂蒙藏回圖籍成，甲欲矜淹博，頗有塗改，編纂員憤而與爭。甲笑謝乃已。

冊封祭奠，凡奉使至蒙者，例得厚饋。清代乃乾清門侍衛差使，民國屬之蒙藏院，院員奉差自口外歸者，他不具論，必有良馬數騎，以壯行色。京師市上，乘騾車而頂跟馬並矯健者，必蒙藏院官吏也。曩者理藩院司員，於台吉王公承襲冊封事，索賄必飽慾壑始已。民國初亦欲沿故習，而外蒙已叛，內蒙勢亦岌岌，袁氏專主懷柔，頻戒諸司，於蒙事勿留難。故至今皆隨意酬勞，不取定價棼取也。

當袁氏謀僭帝號，頻優賚蒙王等，誘之勸進。是時院員亦大有生色，司長某謂新君踐阼，蒙回翌戴，實本院運籌之力。今蒙回王公，已晉封加俸，院員未便向隅，開單呈總裁請獎，而所擬則兩司長、兩參事，均封男爵也。聞者皆笑至失聲。

蒙回各旗，有被匪被災者，例須撫恤，其數目則由院擬定，諮呈國務院，轉財政部照發。然損失情形輕重，則當據各辦事長官等呈報，而核稿者，則第一司民治科員也。有某旗章京，以被匪搶掠，呈請撫恤，原呈損失約五千元，乃議給恤費三千元，而定章按照損失價值三分之一給恤，是此數計多出一千餘元，則以科員與該旗章京有連也。後為司長所核駁，始以筆誤了事，蓋起稿時，數目字竟填小數也。

二十六、各關監督署

海關權握之稅務司為監督者，所得則公費，撥餉賠款生息，皆以官銀號司之。故官銀號委員，即監督之帳房也（滬商會總理某，即袁樹勳任上海道時之官銀號委員）。其兼有常關者，用人徵稅，權皆操於監督，贏餘即可入己。故以兼有常關者，缺分為優。民國成立，各設專署，分置科員，不以地方官兼充。職務極簡，而歲入豐者，仍不下十萬金。然非有奧援難邀，簡任但既任之後，苟能循分自安，不與稅司，發生衝突亦可久於其事。故稅司實不服監督節制，而監督則事稅司唯謹也。

鄂人某前清道員也，以善夤緣入民國，仍得為營口關監督，其當官第一妙法，即善事稅司。對日本人之充稅員者，尤恭謹其署中，每星期必晏外賓，然接客訥訥，殊不能置一辭，洋員皆笑之。遇商人有所求請，則蹙額搖頭以權不己操對。然所屬自科長至雇員，無一非私人。宜昌某君嘲之曰：「吾入君署，誤以為禹王宮也。」蓋鄂人素以禹王宮為鄉館，其署員多鄉人，而某則形若木偶，猶宮中所祀之神也。

科長科員無他私入，故皆願調劑為分關員，但分關員缺亦有優劣之分。大約地勢可放私便作弊者為優，初不視徵收之多募為準也。邊省某關監督查分關過嚴，支費亦多裁節。眾員咸怨，遇有偷漏，漫不考查。奸商皆繞道赴之，新關稅遂絀，稅司有煩言，某自負辦事認真，必無弊端，竟與洋員哄總稅司，言於部處，立免其職焉。

其他專屬常關監督，若鳳陽、辰州、夔州、臨清諸關柄由獨操指揮如意，善理財者，一二年間，即可致溫飽。皖壽系某以張勳力，皆任鳳陽關監督，署設蚌埠。某終年居京津，在差不過歲一二月而已，以其揮霍甚囊，無餘資，然所親為之計算，蓋賞急逋三萬金，應酬費萬餘金，私用浪費約四萬金，是一年私入在八萬金上矣。當清代馮夢華以鳳六穎四道兼關，歲入不及三萬金。視此殆有愧色。

常關員司私入富者，以驗貨員，籤子手為最地少偏僻者尤易留難。某監督以厘局司事起家，宿諳諸弊，蒞事日條分縷析，指剖弊端，以戒所屬，以為眾當洗心。已未幾收數大絀，細研其弊，卒不可得，恐以短收被議，自請辭職。既去官，始有告之者曰：「公在位分關，皆溢收絀，獨在總關者何耶？蓋分關減價，招徠稅作六折，故諸商爭赴之，經總關時驗貨員，與僉子手，簽稱貨票相符，公能逢貨，得自為查驗耶。此而不能，則分關與總關，驗貨簽手通同一氣。任何明察之監督，其弊仍不能破也。特利歸商人，彼輩非深恨長官亦不輕用此術。」某始恍然，而已補救無及矣。

近年來洋關發現弊端如關役私收商稅，賣放私貨，是皆弊坐華員者，若江海關曾控告稅員某俄人種種營私舞弊，是洋員亦不免矣。近以禁販煙土，弊竇尤多，而各關監督絕不敢提議整頓者，蓋以所轄常關，亦魯衛之政，或視此為尤甚焉。

二十七、道尹署

道尹者，各縣知事之監督，然環顧各省道尹，曾有能秉公舉劾屬員者乎？吾固知其無有也。沿習至今，道尹自道尹，知事自知事，除例行啟轉公牘外，百事皆不過問，故兼關監督，兼交涉員之道尹，職務少繁，餘則安閒類請代之教職，且鮮優缺，所得公費，僅敷開支，非以其可，升轉省長，當無人樂就矣。其附郭省城者，稱為首道，時與督軍，省長相接，勢力較重，蓋於本職外，必有兼差也。浙人某任川西道尹，時身兼五差，人呼之二巡按。又某道尹以兼充督軍署，諮議乞省長，調任首道。省長弗允，然某袱被駐軍，署殊無去意，催之督軍代答曰：「某擅醫術，特延來診疾，何催為知其勢強，竟與首道對調焉。」

道尹受省長委任，監督所屬境內財政及司法，此見之於公佈者也。然實際上，稅員法官，並不受道尹之節制，已成為習慣矣。某道尹者，以元首世兄弟之資格，當清代亦曾任監司，抵任後，苦缺瘠且宿累多，乃納其快婿某甲之計，實行監督財政知事署及稅局，逐時派檢查員往查，且大張示諭，各縣徵收錢糧，有於規定外，多取一錢，准人民立即來署控告稅局，若此商民亦勿庸隱忍示出。知事果有致賄求涵蓋者，而某稅局長，固簡任職，且曾充軍書秘書長。匪特無所饋遺，檢查員至時，拒絕不聽檢查，且多微詞。一聞而大怒，揭諸省公署，請撤委省長，不敢搜其中飽跡不可得。眾問及他知事，聞之皆效法，所為同倡盟不承認道尹之說。遂播人口更怒，請辭省長，念其為元首，故人乃設法乞京部調為某關監督焉。

道尹遇緊要時間，除呈省長外，得一面徑呈總統，蓋指非常變故言也。閩人某任道尹署員，皆其鄉誼聯合為麻雀戲，日設四局客十六人。初局設署中，嘗為報章，揭載乃賃屋署左，偏開便門以通之。適員警區員某少年好事，受人慫恿，夜分率警往捕。諸員興方豪，且輕其為轄。警眾中有謾詈者，警員遽開槍示威，乃開門逃回署。有逾垣遁者，道尹聞署旁槍聲，方驚駭，比見眾狼狽逃歸。問故，有答以員警生變者，遽沿向例，徑電總統。事後幾罹重罪，賴投籌安會得免。

二十八、鹽務署

鹽政之設專署，始於清宣統二年，為度支尚書載澤集權中央大計之一也。今之鹽務署，粗觀之似為清鹽政處之後身，實際則因有五國大借款，外人始監督鹽政，外人既監督鹽政，始立此署為機關，即民國三年五月十五日所宣佈者也。然其源則由於二年四月，善後借款合同成立，是年即設稽核總所於京師。署督辦以財政總長兼司，別置署長一人，兼稽核總所總辦洋顧問一人，兼稽核總所會辦，以下則參事、廳長、秘書、僉事、主事，共三十四人。各運使、榷運局長、運副等委任，皆由署主持。自饒實力，較之清代督撫，分兼鹽政者，中央權勢，尤為鞏固，惜鹽稅除歸還外債外，政府欲提用餘款，必得稽核總所洋會辦署諾始可。而洋會辦則銀行團所委託者，以此原因，署長必聯絡外人，擅長交際，始能勝任愉快。此張岱相之所以久踞斯職，雖經罷免，仍得復任也。

張岱相以湯蟄仙之薦，而回翔於東三省，復出其敏腕以承迎長官，於是徐派之陳昭常、趙派之熊希齡皆引為腹心入。民國初，賴鳳凰汲引得財政次長，乃日費千金，以飲博狎邪，以買諸要人歡心，故北洋派皆樂與交，以調查鹽務。丁恩服其勤懇，為譽揚於銀行團，遂有今日。當周緝之長部時，署權本操諸督辦，後以提用鹽餘，督辦之言弗為洋會辦所信，必仗署長宛轉調停，始發生效力。自是署長權漸重，即保任運使，亦得參預，且有時可援引私人。孫慕韓以老輩督辦稅務，而權利無多，宜汪伯棠有前賢畏後生之說。近以結婚王揖唐更大得段寵，暗地為安福系籌措經濟，而殊不出面，社會上幾澹然忘其人矣。

署置三廳：一曰總務，掌視察鹽運使榷運局辦事之成績，及鹽務官升遷降調事宜。由運使下迄場課知事，凡三百餘官，加之科長、科員、稽查員，員數何止二千。僉事主事，都可薦托，何論廳長、參事？故運使必留數場知事缺，以酬報廳長等之戚友，而歲時饋遺之豐，更不待言，所以人稱總務為第一廳，言第一紅且闊也。場產廳，掌鹽場倉棧建築，及編練場警，管轄緝私營隊之權，雖勢力不逮總務之偉大，而掌管建築，則核辦工程報銷時，或准或駁，權由自操。往者吉林官運局，議重建長春等處鹽倉，報費甚巨。廳中並不核減，張岱相告所屬曰：「我曾司鹾奉吉，深知情形，今所報當浮至五倍以上，諸君信勿輕輕放過。」眾喻其意，相與一笑罷。緝私營隊，搜贓分肥，舊稱利藪。統領歲入亦不薄，奈多為督軍等所勒薦，部署不敢拂其意也。然對於廳員，亦不能一無應酬，故場產稱為第二廳，言其權利亞於總務也。運銷廳，管理文牘，及運銷事宜，本例行公事，故稱第三廳。而近日大運亨通，各省借運借銷之案，層見疊出如湖南等省，雖利歸武人，而廳員何竟默爾其道可思矣，要之鹽署無貧員，與交通部等，京師人莫不知之也。

民國成立八年，鹽稅收入，較前清大有進步，此皆稽核分所稽核認真之功，自為不可掩之事實。署長等翊為己力，未免赧顏。唯當鹽署初立，任用官吏，頗考求人才。其時運使榷運局長，盡有聞人，已而榷運局長，漸為各將軍勒薦。元首唯命是聽，已而任用運使，亦須得武人之同意。如沈致堅以熊秉三之薦存，投張岱相門，遂得任為雲南運使，乃為唐繼堯所拒。雖由沈之聲名惡劣，而實軍官干涉鹺政之始。鹽署某君憤之，知政府為軍人所制，弗能矯正，乃訴之丁恩，欲假其力以固中央權力。丁曰：「此用人不關行政，吾不預也。」某更告以用人不當，行政亦將因以弗靈。丁信之，宴見日，微達於項城。項城即示意北洋派某要人，自是鹽署事權少專。河間初欲　存其副官長某為兩淮緝私統領，終不得當。迨攝總統日，始授意財部與鹽署委任，而總長則王叔魯，馮氏之帳房總管也。

某運副者，籍壽春，其兄則河南之滑吏，名震北省者也。某亦豪縱，賴族人某硬薦於鹽署，鹽署將畀以贛省某榷運局長。某不願，竟乞得袁克定推薦函，指名要求某運副缺，所駐地則中國第一商埠也。洪憲倒幕，署員首議另易他人。其兄適司榷鳳陽關，聞以急電相告。某遂乞援於某護軍使，固厥鄉人，又素受其應酬者，因為解於鹽署。署長重違其意，事遂寢。某乃安居四年，排日以花酒自娛焉。

某甲以留學生供職鹽署，雖新登仕版，而和平穩練，可步陸潤生後塵。因有寵於署長，凡祕密計畫，無不與之共謀，長蘆運使某，不時假公游京師至必宴要客，甲恒與焉。一日在座有財政部司長某乙，總長婚媾也。總長例兼署督辦，故對客殊傲慢不為禮，以爭觴致與甲哄，勢幾動武。甲隱忍去，乃專意謀鹽署獨立。初擬為一綱四目，言財部牽制之弊，洋洋灑灑幾萬言，而署長不敢上，乃運動洋會辦。而洋人不甚了了，事卒不行，甲心終不死。一日，總長為武人索餉所逼，無法應付，函致署長，往取鹽稅餘款。甲自請行，不知運用何等手段語言，洋會辦竟拒弗撥。總長莫名其妙，堅囑署長調處，署長度甲為繫鈴者，勉以解鈴。甲概諾，且請先謁總長，既見，乞屏人密告曰：「近部員狎遊豪賭，其挾妓為撲克戲於西飯店，外人實目擊之。某前日往取鹽余，洋顧問謂司員侈泰若此，部庫何至匱乏，某固無言以應也。望長官先戒所屬，容某再往商之洋員。」總長唯唯，於是手諭戒飭諸員，辭頗嚴厲。眾後知出甲報復，雖恨之甚，而自是不敢輕視署員矣。

民國初，熊秉三掌財政，時鹽務猶未設專署，即以各省鹽課關係重要，不容虧欠，雖事在前，清亦應一律追繳，固正辦也。後鹽署成立，仍秉斯旨，飭屬追欠，滇運使即以前石膏井提舉李慶恩虧幣幾四十萬揭報；而李固李經羲私人，時方夤緣為財部司員，總長兼督辦亦皖人，與經羲為至戚，遂示意署長擱置不理焉。又蜀人楊尚懿，以滇白鹽井提舉，挾款潛逃，後化名寶民，自稱總司令，以討洪憲。羅佩金保授少將，人有言於鹽署者，署長以李虧款巨萬且未究。楊挾武人力，更無如之何，遂不復過問。

晏安瀾者，清戶部老司官，後任鹽政參議，負有清望者也。入民國授四川運使，其視鹽署人員皆後輩，有所干求，殊無裁答。廳吏因指摘其公牘以示意，晏憤甚，竟不通慶吊，自是十呈九駁，以激其去。晏果請辭，而稽核分所洋員見其勤懇廉直，急電總所乞留。總辦乃致函挽留，且戒署員毋吹求，迨洪憲禍作，川屢被兵，晏皆留蜀者，亦洋員之力也。

稽核總分所，皆置洋員，其職為監督鹽稅之收支，經存徵收之稅款，以保護債權為主，勢力較小於海關稅務司。然以產場及榷運局所，舊弊難澌剪，而榷運員竟有挾款潛逃者，稽核，洋員，始逐漸干涉，此一原因也。頻年內訌，武人意猶割據，政府不能節制，非賴洋員維持，鹽政亦將失其統一精神，此二原因也。

淮商殷富者，莫過贛人周扶九，周碌碌無他長，而能奉張季直為司命。張亦利其多財，藉資營運。在前清時，即持改革鹽務議，未及行。改國後，又言之項城，頗韙其說，熊秉三助之尤力。然諸鹾商多不以為便，丁思考查各省鹽務還，亦納眾議，謂張說不能行。袁氏無所折衷，令部署從長籌計。時張門下健將楊廷棟，即揚言不用其說，則淮鹾先不可理，且彼將結政黨以抵制鹽署要人。於是參事、秘書、廳長等，僉以此輩得步進步，今已大肆要脅。若從其議，勢必紛引黨羽，把持盤踞，我輩且無啖飯所。於是盡情痛駁，議以不行。政府尚欲少事周旋，某署長以是等空論，絕無經驗深為洋員所惡，若強行之，後恐提款多杆格，袁意亦息。其時新聞記者，時搜索鹽署隱事，登之報章，加以醜詆，或謂出楊氏指。然莫能指實，平心論之，張議實直切可行，惜用人難得廉士也。

二十九、縣知事署

知事位卑而近民，庶政蔑一非所司，故弊端煩多，然亦視省分而異。略言之，則北省知事威儀，排場依然，前清牧令，而羨餘多提取歸公，竟無腴缺。南省表面雖非而缺分實不惡往日，竟有視清代為優者。就蘇浙論，浙又遜於蘇。西南邊省以護法闕餉不免苛斂，或有開煙禁，為籌餉之方者。地方官因緣為奸，不無染指，四川則不經手錢糧，甘肅則完全清習就中。唯山西一省，官吏皆閻系，以奉公守法為宗旨。他省不能望其肩背，湖南官以賄得，自不能不取之百姓，故張敬堯轄境直無一良吏。可尋斯則各省之大略也。

聞之贛南某君曰：「凡任知事者，第一要義，則能聯絡。境內武官，可倚其力上通軍署，則終身受用不盡。次則能出資為部民運動，省議員又次，則逢迎要紳，若三者兼備指日道尹矣。至教育界、報界亦宜以餘力點綴署中，養一二文士，為代擬實業講計畫書或勸學演說辭，若是則知事能事畢，苟背乎？此雖廉其守，勤其事，愛養其民，終不能久任也。」誠有慨乎其言之矣！某君固江蘇之幹吏也。

凡幹吏其署中科員，必有與本地紳民通氣者，以備有事時，為斡旋也。若汴省某知事，徑委本地要紳子弟為科員，則尤異矣。自洪憲倒幕，議會復興輿論少重知事，果過受攻擊，有奧援者，他調，無援者，撤任。其有奧援而痕跡太重者，雖撤任不久，即他有調劑，奧援為誰，本省軍官第一，就地巨室，京中大老。第二省議員，第三也。利害若此，故民國地方官以敷衍二字，為秘訣，欲求其破除情面難矣。

某甲任東省知事，聽訟則索賄，徵稅則搜索，獨對於縣內諸團體，如學會商會之類，則異常優待，幾於有求必應。人叩其故，曰：「預備撤任時，囑此曹以公呈留我也。」已而果然商會總理致為縣人唾辱云。

知事某甲，請委其舅乙為承審員。乙以老病，諸獄皆甲自斷，嘗理一械鬥案，得賄萬元，乙知之，諷以所判不公，意在公賄也，甲怒呈省撤換乙。瀕行邀紳商學諸界茶話盡舉甲贓私以告，眾大嘩笑，甲聞，竟遣警拘乙，禁之。各界不服，擁入署，釋乙出護之至商會。而其人老邁，且氣忿至即斃，殂眾大駭。甲乃飾嫗為其舅母，登商會總理門，索賴聞破費至二千金。甲得其什七焉。某甲任知事，所治大商埠也，有奸商暗設煙膏店，月以千五百圓饋縣署及警佐等。眾聞而惡之，舉某巨紳呈准省公署，組織禁煙局不受知事節制，方著手破其弊竇而煙商已具二萬元。乞甲為抵制，甲乃出萬元運動省公署，取消前批，謂禁煙為員警及自治區責任，不必另立機關。自是月賄增至二千元，知事猶得千元津貼，選出之省議員三百元，餘七百元則員警董事均分之。某知事兼警備營務處，以其叔祖任省公署秘書長也，以苛刻為紳民所惡，嘗假修河議，加畝捐而委其妾弟為工程員，眾愈不服。一日議事公所，眾面詆之，怒甚，歸以營務處，名義宣佈戒嚴，發警圍自治會指，紳士某某為亂黨，縣民大駭，逃者紛起，後為人民所控，批道尹，查覆以叔祖力僅以誤聞訛耗臨事張惶撤任，未幾復出，任某貨稅所所長。

紹興某甲以醫起督軍公子疾，得任某縣知事。署中科長科員等，半會垣折字起課之流，人各給薪三五元不等。承審員，則其從子乙曾為軍隊書記者也，月畀以十二元，以此刻削中飽公費甚豐，喜而告人，若此更不必覓意外財矣。故賄賂不入，然諸人實無賴烏能安貧，竟乘甲臥病，盡捲其衣飾財物以去。（甲喪妻故無眷屬）中並有徵存萬餘金，唯承審員以醉臥，未預謀甲終疑之，收繫諸獄，乙忿服毒死，甲亦隨歿。計其在任不逾三月也，或見所為，呈文有知事所學者包公也，斷盡奇案，又到任告示有青天已到，告狀者速來。又門聯曰：「共和大國大一統無所不大，清正知事知百里何事弗知。」皆其科長某素賣卜號稱言必中者手筆也。

南省某知事，私刻官紙以漁利；蜀中某知事，假鑄徽章取富民人財；廣東某知事，以救災私發獎券；湖北某知事，官販私鹽；浙江某知事，圖賴經徵經費，為人扭控於上海。此皆近事之可笑可恨者也。

三十、貨稅所統捐局

是皆厘金之變名，百弊叢伏，等於清代唯值米禁期中，能賣放大宗私運，數萬金可以立致，則清代委員所無也。其膽大者，並敢賄放私土，故米禁、煙禁愈嚴，稅局弊端愈大，其大局希冀留差者，枯月則籌款墊解亦有由司書等湊資者，然不免受其挾制矣。上海貨稅所一填票司事，月薪不逾三十元，而實入在二百以上。朝夕狎飲，巨博若豪商，則其所長可知，然是等大局應酬至重，所得亦未必盡能入己也。

民國稅制省自為度，惟局卡之密視清代蓋加數倍，初以為偷漏不易矣，孰知水則船戶包運，可以賄免，陸則繞道越卡，可以賣放，故局愈多，則弊愈煩。湖北平善壩稅局，向專稅土藥，近則兼收百貨，其查貨之嚴甲於各省。一籤子手，歲入在二千元以上。謀充是役者，非預費千金不可。某局長抵任，議盡裁舊役，意在索賄也。眾無應者，遂一律更換，未二月，稅收大絀，蓋商船夾帶藏法奇妙，非熟手，查貨必不能知其處所。故此輩盤踞把持雖精，綜核者為之長，亦無可何也。

某省自督軍假託護法，大開煙禁，厘金收入驟增，所填厘票，上書山貨若干件，騎縫上有一小虞，字其真山，貨則無虞，字厘員舞弊者，則私刻虞字票，以給商人。唯須與經過局所通氣，方免截驗，故其地雖瘠苦，而厘稅員私入獨豐焉。

某省當清代已行統捐銷場，值百徵二，出產值百徵一五。其法按旬，由商店以簿記，呈局核明納稅。順天某甲任局長時，按稅規九折實收七折。填票商人樂得一成，免稅其二成，則入私囊。若零星稅款仍照章徵收填票，故風聲不露，而兩年得七萬元以歸。

浙人某都督族人也，任烏鎮統捐，素吸煙以祕密外人無知者。文牘員任某乃設危詞以恐嚇之，某問計，對曰：「公時駐滬而托言，在省居都督所，庶無他虞。」某從其策。自此局權皆落任手，年餘腰纏累累，而以多金恣縱，竟吸煙日須數錢焉。

三十一、全國煙酒公賣局

袁政府財政非不充裕，以圖謀稱帝，盡耗於無形之暗支。其時賣國借款，尚不至如今日之盛，故周緝之長財政時，建議重徵奢侈消耗品稅，以補助入帑，公府會議。袁已首肯，而在座者，謂非先改海關稅則。徒重徵於內地，既傷國體，而稅入亦無多，不如其已，眾以其說中肯，多附之者。周氏說暫輟退而謀於僚吏。有才士某者，以煙酒收歸官賣之說進，喜甚，立告之袁氏。適公府顧問濟濟，如思逞能結寵，乃創為名公賣實加稅之議。袁亦韙之。煙酒公賣之制頒，而京師全國煙酒局成立，其組織法，設總辦一人、會辦一人、文牘主任二人、科長三人、科員十六人、調查辦事員各若干人，直隸於財政部。除文牘處專理文牘外，置三科治事。而分科之法，至不倫類，蓋第一科掌稽查各省公賣情形，及稅捐與徵收款項之稽核，本署經費之會計。第二科則管京兆迄黑龍江十三省區之公賣及稅捐。第三科則管江蘇迄四川十三省區之公賣及稅捐。是第一科以事分，第二第三科以地分已覺可笑，且第二三兩科，似須受第一科之監督，故識者皆訾其支離焉。

英法於殖民地發賣鴉片煙，皆歸官立公司，故煎膏發行，並公家事。今酒仍商釀，煙仍民種，商購商運，特分區設局，另徵其稅，而名之曰公賣，實即洪憲無賴政策之一也。初仿鹽務署辦法，總辦多以財政次長兼充。後某次長頗專斷，總長患之，乃另易一私人為總辦。其人巽順謹克，事皆請示於總長，故部局瀣沆一氣。至今日以議行煙酒借款局竟獨立總辦，直隸於大總統焉。公賣初行，慮群情反對，勢須仰仗地方官之維持，故各省會局長，皆將軍巡按所指薦。甚有以軍巡兩署秘書兼任者，其下各區分局長，遂為省吏所有。京局徒為署諾而已，鈕元伯任事，少少集權中央。然浙江煙酒公賣，楊善德勒薦其秘書雲韶，雲江蘇奉賢知事，並非簡任職存記人員，且亦毫無財政學識。財部初擬駁覆，而鈕氏知楊為段芝泉腹心，竟勉強從命。各省睹此狀，紛紛效尤，鈕不能復耐，多拒弗納。因此頗開罪北洋派，後之免職拿辦，斯亦一原因也。

第二科轄地，以東三省為第一，煙酒並產。在清代稅已甚重，而燒鍋皆晉籍富商。按季輸稅，無一欠漏。餘則直隸山東諸省，甘肅雖產煙而近年為紙捲煙所奪。第三科轄地，以江浙廣東四川等省為最，以是兩科權利相等，而居第二科者，則羨三科多南省煩盛商埠；三科又羨二科多轄煙酒出產之地，因羨生忌，忌則恒起衝突，往往兩省區交壤地方，偷漏稅課。外局呈京請示，則互相推諉，甚且第二科謂曲在四川，第三科又謂曲在陝西，蓋四川屬之第三科，陝西屬之第二科也。總辦苦之，謂若然，則本局內當專置一平政院矣。況兩相爭持，都無利益，徒為報館口實，曷若其已。乃屬所親置酒為兩科人員和解。吾聞之贛人某君，蓋曾充京局科員者。某君謂某總辦初接事日，海員者紛至遝來，所收銜名薦條，多至二千。余張總長無法應付，囑文牘主任，函告各省局長，令為置頓。各局長覆謂督軍省長，指薦員甚多，已苦人浮於事。若予拒絕，以後商民發生抵抗，不藉力於地方官，又無從維持。若既受武人省吏之溶，復加以京局囑用人員，則照現設缺額，增多十倍，亦恐不敷總，辦殊無以難也。

鈕元伯初任四川，納贄為沈秉堃弟子，揣摩迎合，皆有師承。其在民國，初任觀察使，繼巡按陝西，總辦煙酒公賣。雖始由李九汲引於袁氏，而實賴辮帥之力，因其屬贛籍也。故其任事以後，凡辮帥所薦人，舉得優差。有某局歲入至豐，固皖籍某員所任，而辮帥適薦其門人，鈕遂移皖員劣地而以遺缺授之辮帥門人。皖員本段系，辭職赴京，逢人輒毀鈕。未幾，復辟事作，鈕附張，且以鉅款接濟辮軍。及馬廠軍興，段閣復現，鈕遂褫職拿辦，名固附逆嫌疑，實則以薦人種成惡感，近乃輾轉投入陸幹卿幕，而取銷通緝令焉。

煙酒公賣，本託名官督商銷，然局由官辦，棧由商辦，而各局有徵無賣，實與各國專，賣之制大相徑庭。所定公賣費率，復因省界區分絕不一致，最重者，京兆地方，有至百分之五十，最輕者熱河僅抽百分之十，又奉天之牛莊高粱，通銷南北。黑龍江之烈酒，暢行俄邊，浙江之紹興酒，全國所嗜飲，皆產酒區城之最盛者也。當定公賣費率日，本擬加重是三省。適某甲任科長，與奉天燒鍋商有連。因言奉稅本重，若再加數倍，沽業必為日人所奪，蓋日商舊啟釀肆於瀋陽，並不納稅也，故僅定為百分之十二。紹酒則賴某署長力定為百分十五。署長則紹人，戚舊多業沽也。一日者，第二第三兩科科長會議，欲定為普通費率，俾無畸輕畸重之弊，總辦亦首肯，而科員紛紛不以為然。繁徵博引，就各省利病，指陳得失，遂仍舊貫，或謂科員各有所私，實則外省糧價、酒價、生煙價、熟煙價、貴賤懸殊。欲求劃一，談何容易？以價之不同而費率高下亦異，固情理所應有，特奉行未善，與商民時起衝突，視貨稅局所尤甚焉。

三十二、高等審檢地方審檢廳

法官舞弊，自光復以還，數見不鮮矣。承發吏書記法警，無一不可通賄賂，尤甚者，則承發吏，大約不肖者居其什八。推事以上奉公守法者固多，而交通律師或直接納賄者，亦復不少，其見諸報章者已指不勝屈。今特摘其為人所未知者數端，以饗讀者焉。

某商埠審判廳，著名弊藪，承發吏。歲入至每人千餘金二千金不等。留美學生某甲，任廳長。蒞事日，即佈告招考承發吏，謂舞弊者革除，缺額以考中者充補，不受私薦，昭示大公。報名者數百人。及考試後，又定期口試，眾已少少疑之，蓋取吏何重文字耶？迨口試後，諭眾曰：「三日外榜示。」已而數改期，至年終始發表，則取中八人，無一非以賄得者。眾大嘲笑其弊一也。

某甲，任高等廳長，預囑某內兄設旅館於法署近地，宿膳費視他店減半，蓋藉為通賄機關也。凡控訴人至省咸宿是店。店中人即為說合，幾於無案不行，一年餘所得已巨萬。忽出示謂訪聞旅館主有招搖情事，當傳訊，而館主已先期遁矣，未幾甲亦調任。其弊二也。

某甲任推事，以辯才稱，同官忌之，乃暗偵其陰事，則得判決某姓家產案，事後曾得其饋遺，乃設法告之。訟負者，傳言將提起上訴。甲不為動，則囑訟負者，徑以函徵之。甲即據函送檢察官起訴，謂是有意索詐者，而訊得賄無證據，投函者竟坐罪。其弊三也。

某丙任書記官長，而以其戚誼為承發吏，內外勾結，在家置二人抄繕文件，備人探問，分別輕重以索賄賂。其弊四也。

破產案件，若執行拍賣，弊竇尤大。如某省有木商某丁破產，負債二十餘萬，肆中有貨值三萬，而各山定貨，照原價則值銀四萬餘，照市價則值七萬。丁戚某，願以十萬承受其產。法庭不允，賴律師某說合，外加法官萬金始為所有其弊五也。

地方廳判決不服，當上訴於高等廳，故地廳必與高廳通氣，駁雖不能以情理為准，而期限手續，規條種種，故准者可駁，而駁者亦可准。往四川某地方廳長，高等廳長習法政時之教員也，以長者自居，狀涉傲慢，而自是上訴案，什准其八，每准不撤銷原判。其判決書駁詞犀利，多子人以難堪。時在四年前，一離婚案，地方廳認清代新刑律為有效，而高廳則引案比證，謂久已無形取銷。其弊六也。

三十三、地方員警廳水上警廳各縣警佐附

省會及緊要商埠，例設員警廳，其職任則受省長或道尹之指揮監督，辦理員警衛生消防等事務也。然任廳長者，恒聯絡武人，有寵於督軍，或奉省長為上官，道尹則絕無節制能力也。蓋其人多已晉勳位，列中少將，少遷則全省警務處長，或鎮守使，若滬廳之徐國國，且鄙山東警務處長，弗為而津廳之楊以德，且為段門健將，又月俸雖薄，而私入甚富，苟不取外款，則計廳長正入，尚不敷其汽車費也。凡置廳地方，非有督軍，即有護軍鎮守，使廳長當納贄門下，否則與參謀副官長聯盟，此關既通，官運必亨，再以餘力恭維省長，聯絡諸團體，交通言論界，則八面玲瓏，無往不利矣。

員警辦事秘訣，除戒嚴時代，防範亂黨外，餘俱以「敷衍」二字了之。蓋若按照違警律，事事認真，則必開罪長官巨室及各團體。譬如租界巡捕，嚴搜行人，痛責車夫，是其常事。若內地員警仿行之，煩言立起，報紙亦從而譏詆矣。故著者遍遊各省，見省會商埠員警，於保安衛生，則以經費不繼絕未講求，正俗則以畏勢畏譏，不敢管理，終日立街頭，若木雞然。見有鬥毆或滋事者則移行他處以避之，是皆奉長官戒也。求如光緒時間天津員警之精神，蓋已渺不可得矣。

歲支警餉馬乾軍裝器械諸費，一廳恒數十萬、十數萬不等。廳長生財之道自多。其警正以下，則以煙賭等項，為大宗規費。若未設工巡局，地方各項雜捐並歸廳收，而建築給照，築路發

價等項尤便上下其手，斷非清代巡警道員警總辦所可擬也。

煙禁為巡警之利源，除山西外，大約各省皆然。而內地諸縣尤甚，以報紙不致訪登，而愚民可任意私罰也。又有一種流民，專以訛詐私土為事，或更冒充員警，此則實足分利，故明幹警員，下車伊始，必盡收此輩為之用，其奸商以原力組織販土挑膏機關者，恒在商埠地方，事前必交通警察，按月包賄若干，暗中為之保護。但有一二家，歲賄便成巨萬，對於零星私土，務從嚴偵察以報其酬，猶前代官府，既納鹽商饋賂，必為之嚴懲私販也。

消防事務，有歸民辦者，有歸警辦者。歸警辦者，附置消防隊。某省會警廳長，以其庖人某甲充消防隊長，缺額侵餉，購辦器械軍裝，中飽大半。廳長得什七，甲得什三。有言於省長者，頗申斥廳長，然經年會垣無火患，遂聽其舞弊自私焉。

商埠員警，有接近租界者，須與捕房通氣，辦事乃順手。故對於總巡捕頭之翻譯，華探之頭目，或給以乾薪，或時通來往，庶臨事可免隔閡。

各鄉鎮警區，生財尤易。為警官者，苟能逢迎巨室，則煙賭規費，取之無礙。浙江硤石某商，人稱之巍誹石大王，凡任其地警官者，必先卑辭厚幣以奉之。然後任事方無阻礙。杭人某者，對大王獨落落，後卒以納賄事繫禁，耐其嫂為營救始得釋。

水上警廳，轄境綿長，製備船械，視地方廳尤便作弊。某任廣東第一水警廳長，駐地為番禺僅二年，積資三十餘萬，龍王部下要人也。又某任四川第二水警廳長，甚至串販私鹽，分取賊贓。某任浙江外海水警廳長，終年安居四明，苟遊杭滬，則借名出巡，偶以海盜倡獗，擄及外人，嚇甚，親巡於鎮海，部下故作驚惶，謂盜且至，某即脫去制服，裝束如水手焉，蓋使盜不注目，以便逃逸也。

三十四、文官高等懲戒委員會附司法官懲戒委員會

熊秉三任熱河都統，組織官吏懲戒會，自謂行之有效，迨為國務總理，遂呈設文官高等懲戒委員會於京師，所司則議決高等官之懲戒事件也。置委員長一人、委員十人，凡行政官吏，除贓私案屬刑事，應提交法庭外，其餘瀆職違法等情凡當受處分者，皆由此會議決懲戒前清吏部議處以革職為止。過乎此者，則交刑部治罪，與今制略同。惟清代分公私罪，公罪准抵銷，較今少詳耳。鄂人某君，曾充懲戒會委員，謂有十不可解，嘗舉以告著者，今忘其三而記其七，特錄之以供讀者談助焉。

清代處分，至輕者罰俸三月，其實官不恃俸為生，而所領亦多經折扣，已為掩耳盜鈴。今則改為減俸幾個月幾分之幾，並無標準，徒為煩贅，一不可解也。清代官多實任，故罰俸法可行。民國實任官無幾，凡交付懲戒者，多已經撤任，俸本無有，何待乎減，二不可解也。記大過大功，從前乃督撫藩司專柄，並不報部，以功過隨時可抵銷，且實際無關乎遷黜。今凡付懲戒者，強半以應受記大過處分，請大總統訓示施行，毋乃不勝其煩乎，三不可解也。清制凡實犯專案之官吏，始由部議處。若疲軟不謹諸官，則或勒休，或革職，不待議處，誠以論事則空洞，論人則斷不可使之臨民。今則有以侵吞浮冒，衰弱放縱，而付懲戒者矣，四不可解也。往者在官人員，或署事、或供差，本身必有實職。今人人可以供差，撤差之後，即與政界脫離關係，懲戒會雖執

法繩之，實同具文，五不可解也。平政院本為行政裁判機關，事務清簡，官吏處分，固應歸其職掌。今乃特立專會，不類不倫，六不可解也。議處事歸吏部者，以官吏履歷，皆部執掌，雖一案議處，仍須調查，前後事實故奏案中必聲敘某官或前因某事，已受何等處分。今又受何等處分，或某官應得降級處分，而係公罪，可准其查級抵銷。今則懲戒會並無官冊，委員十人匆匆議決，更不暇旁參曲證，七不可解也。而此乃其組織之缺點，更請言其事實。

會設十委員，有老官僚，公事嫻習，而不甚解新法律。有學生，雖知新法律，而公事生疏，更有新留學歸，全不知國內情偽，遇官吏以私罪付懲戒者，應輕應重都屬茫然。且事須開全體委員大會，必多數同意，議決書乃能成立。往者某委員長，頗明達事理，眾議不倫者，多所裁正，群以其專斷。〈閉〉會半缺席不到，往往元首交付懲戒案件，數月不能呈覆。京外各縣署，具文催促，府秘書廳因致函責讓，而眾猶不肯至會。委員長對人言之，憤激至不可耐云。聞請托亦所難免。每有據被劾人員聲辯，不加詳查，遽從輕議者，陳二安知其然，兼任四川巡按日，劾治貪吏，多皆一面呈請褫職，一面即自行收押追款，從不請付懲戒。董鴻侍已輦巨金至京，以此卒無所施其伎倆。

尤異者，前黑龍江嫩江縣知事姚明德，以侵吞公款，交代逾限，訥河縣知縣楊魯，以承辦工程，款項不實，此關係公帑與私人操守。當然褫職，仍勒追款項，而姚明德僅受減俸八個月三分之一處分。楊魯受記大過處分。又肇州縣知事孫之忠，以縱容痞棍勾結朋比，此案情若重，即應提交法庭，至輕亦當褫職，而亦僅得記大過處分。見者莫不絕倒，或謂是時委員會長，為某代理，難免瞻狗。此道揆法守，所以蕩然無餘之由也，而熊氏生平，以經世才自負，而蒞官數省，一無成績。執政數月，請立是會，其餘官方吏治，寧有絲毫裨益耶？

司法官懲戒委員會，組織與文官高等懲戒會同。惟少一委員。法官舞文枉法，已成民國習慣，而不聞有置重典者。某地方官推事，以受人請托，判決不公，提交懲戒，並未褫職。又某書記官長，塗改供辭，事已證實，以其戚方為法部參事，遂據其聲辯，僅以疏忽從輕議懲了事焉。

三十五、警備隊

此仿前清之巡防營制，所以補警力之不足，以備大股盜匪者也。為省長所轄，合數營置一統領，統領可侵餉，可借緝捕以漁利。壽州人某，以楊善德薦充浙江溫州統領，其部下皆皖北人。發審員陳某日吸煙須銀十元大作威福，以索賄賂。而壽人為拐販者尤多，亦皆入其隊中，以此控案疊出。省長不敢撤，迨善德死，始另易他人，一方稱慶焉。又某乙以五千金投張敬湯門下，委充湖南某地警備統領，竟縱所部大掠，而諉之土匪也。又河南某警備統領，以孌人杜姓充營官，眾論不服，將鼓噪。某竟積眾自設誓，謂杜其世弟，並非孌童。人莫不匿笑者。

三十六、鹽運使署

運使缺分長、蘆兩淮為優，四川、兩廣次之，浙江、河東、福建、山東等省又次之。場知事等，歸其委任，緝私營隊，歸其節制，且不受地方大吏干涉，可謂利權並擅。所畏者，獨稽核分所之洋員耳。故幹吏必以接交洋員為先務，得其吹噓，或可以內擢署長，其委用知事，先盡部署所薦，後之私人，下等缺則以應酬本省文武大吏。閩人某以督軍力，即任其本省運使，親戚族鄰，爭求委任，哄於其署，招員警入，始解圍。又自清季，淮鹺之權，移至十二圩督銷，故運使缺漸瘠。入民國後，始復往制，是皆張岱杉聯絡洋員力也。以分稽核耳目近，其他中飽侵漁弊自較少。

三十七、國史館（各省通志局附）

湘綺老人，以遲暮之年，遊戲三昧，而膺館長之・職時幾三年，一帙未就，有同虛設矣。其時纂修協修，半皆湘綺門人，嫻經訓詞章者固濟濟，而未必皆史才也。故並居京師，支乾俸，優遊於文酒聲歌之會，儼然清代翰詹衙門官，而俸入十倍之。真玉堂仙人矣！

湘綺以撰《湘軍志》得名，其書不諱私親，不避權要，專持公論，而紀事之詳纂有法，遠過魏默深輩。袁慰庭雖不學，獨嗜是書，故議立史館之日，即內斷於心，以隆禮聘此老。他有薦引者，並置不顧。然此老頑固，深不以共和為然。到館年餘，人叩以纂至何處，笑答曰：「方纂《孫文本紀》，猶未就也。」又謂歐陽修《五代史》，創《伶官傳》，今當仿之，創偉人傳。宋芸子謂人物當依《三國志》通稱傳，固正論也。湘人某以王氏弟子，有寵於袁，適任府秘書，意不為然，蓋欲尊總統為紀也。某協修草開國史，全歸功項城。於武昌起義者有微詞，他民黨則醜詆之。館長雖不賞其文，而嘉其義正，擢為纂修焉。其時財政已窘，京官俸既有折扣，復不能按期發給，獨史館仗館長老面，元首諭部庫按月動支。一時夤緣入館者，實煩有徒，周緝之方長財政，主裁汰冗員嘗一單汰館員二十餘人，湘綺憤而與爭，賴某總長設晏調解始已。

清代史館，第傳人物，皆依據呈送事實履歷，匪特無裁制，且亦難免舛錯。民國肇興，以國體改異，自不能仍循舊日史裁。如開國事蹟，在前代則另有方略館以編纂之。而今並歸史館，幾於無從著筆，某為收掌年餘，未收一稿，本乃補被還鄉去。館中人若無知之者。一日有大總統交下某武人事蹟，應付史館立傳者，某纂修欣然，命筆為之。傳成送館，無人收納，親交之館長。館長謂其多訣詞，竟竄改加入諷語。聞黃陂正任後，以與武人有舊，始囑史館更正焉。

湘中輕薄子某甲，少從湘綺遊者也。時供差國務院，而無所事事，排日必至史館諧談，人以為必館編纂。一富商死，以生前曾蠲資興舉公益，拯濟災區。其子乙欲宣付史館立傳，費萬金饋送同鄉京官為具呈。一日啟宴，甲亦在座，大言曰：「不厚酬史館諸公，雖奉命宣付，亦無褒美詞也。」乙信之，立出千金畀甲，囑為打點。甲以入囊。事後館中人有知之者，迨為乙父立傳，故先擬貶辭，因人以示乙。乙憤甚，欲訴甲，於理甲以無憑證，初不懼。已而館員亦多起鳴不平者，至令門者，拒甲不聽入館，大窘，求救於館長。館長笑拒之，乃貸資於楊皙子，以六百元遺司編是傳者，遂易褒詞，事始寢。或人謂甲雖取得千金，而館員無分其毫釐者，未知孰是云。

自湘綺歿，館勢幾渙。後以經費不繼，而黃陂頗欲恢張共和功，乃以屬蔡鶴卿。蔡慨然受任，適方為北京大學校長，因改館為國史編纂處，附之於大學焉。蔡自兼處長，下設編纂七員，皆用聘書，弗為官吏，中多淹博之士，而名並不彰者，如江寧人鄧之誠之流。至此費視前減數倍，而纂成史反多於前。未必非蔡氏之力，乃以五四運動，京大罷課，當路謂出蔡指而欲敷衍學生又不能不復其職，遂以國史編纂處，改歸國務院，另任處長以示裁抑。其實蔡初不以此為重輕，而編纂諸君，別無奧援，竟一律解職，而易以老官僚多人焉。

新受任之處長徐鳳書，籍蜀之滎陽，程德全鄉人也。本清老吏，曾歷東三省，以能詩稱，文學並非所長也。奉天平康里娼寮，多其詩詞聯語，殆亦報館名士之一流，國史前途可知矣。

三十八、造幣廠

銀銅局在清代即為優差，以薪水之外，有紅可分也。贏餘多者，督撫署年終亦提若干成以奉之。今則利皆歸廠，且各省分廠，裁撤者多，現僅有總廠一設之天津，分廠六，設之江寧、瀋陽、成都、漢陽、廣州、昆明。外則河南有銅元局，廠愈少，則利愈專，故今之廠長，遠勝清之總辦，但民國幣制較為劃一，若清代吉林等省所鑄之銀幣，當不致復現。然銅元則厚薄輕重猶可任意鑄。銅元愈多，則利愈厚。每購買洋錮，不但廠長得大宗賺款，即採辦員亦所獲不貲。每廠分總務、鑄造、化驗三科，而實權則廠長與總務科長、技師三人均操之。有廠長卑視技師，後鑄幣力爭成色，不少通融，至年終竟無紅利可分云。

三十九、步軍統領衙門

民國官制糅雜，步軍統領衙門，其一也。清代凡明時太監職掌，皆易以旗員步軍統領，即明之提督東廠太監也。主管九門門政，故又稱九門提督，管巡捕東西南北中五營，司緝捕盜賊奸宄。所轄兵士，皆旗籍，番卒則漢人也。民國初元，本擬裁撤，趙智庵謂其足補警政所不逮，乃托言事關旗制，遂付緩議。其後袁以心腹江朝宗任事，權力日增。於是設總參議廳，其下有總務廳、軍事科、執法科、軍需科，以營制向分左右兩翼，故又設營翼總稽查處，直轄則四郊車捐總局。總軍械庫，將校研究所等，當前清凡都門之私倡私鑄窩戶等類皆行賄提督署隸卒，乞其包庇，今則權操警廳步署專司城門啟閉，四鄉車捐，有事時幫同彈壓而已。

京城內外城車輛，向歸工巡局收捐，復移歸警廳。而附近鄉郊地方，則撥由步署徵捐大約騾車駝轎牛車等，皆在當納捐之列，為數甚巨，歸總務廳管理。聞之數年前，有收捐員照式私刊，捐照付之鄉人，款則入已凡數月。囊橐已當，請假挾資去，又有以中交鈔繳捐者，尤多折扣，譬如市價五六，此則作五一、五二不等，至佚照補請或買賣，駕車牲畜亦往往受人敲詐，故近畿游棍假步署名義，磕索鄉人車夫者實繁有徒皆由車捐以起。前聞有公民提議改歸自治會收納者，事卒不行。

游緝隊專司偵察，近來販運私土者，觸處皆是亦不肖隊，土生財之一道也。有晉商某甲舊營車店於京師，八年前歇業，則來往大連哈爾濱之間，販運紅土。一日以騾車裝運，而上坐一婦人，車距城約三里。突遇翦徑者，大聲呼救，游緝隊方出巡近地，聞往救捕，則匪已去。驗所載，累累皆土也。將執而獻諸官，適卒伍中有與甲舊識者，為排解獻若干圓了事。蓋車站及崇文門稅局搜檢嚴，此輩奸商多由他站下車，而雇車飾為載婦女或病人者稽查不及覺，而是毒品已運及目的地矣。

近所練兩翼五營，名皆旗籍，實不儘然。以旗人雖貧甚，而不能耐勞，苦者多也。大約番卒易名，承充者不少，又京旗咸以官為業，鮮治生者，國體既改，官不易得，其匱乏者自縱婦女賣淫以為活。故邇來京師暗娼之多，不可勝數。員警勢難遍稽，而步署吏卒轉知之甚稔，名同旗籍不能勸導維持，反從而魚肉之挽近，人情如此可為一歎。

江朝宗以步軍統領受黎命代理內閣，而從來任此職者皆有寵於元首，近之王茂軒則舊之東三省總督中軍，徐門第一紅人也。每京師有意外事，警力不敷彈壓，則步軍出，而維持秩序。又有護軍管理處，設都護使副都護使各一人，下轄總務司法兩科，亦以位置滿蒙人員者，實無所事事。

四十、全國水利局

導淮計畫，張季直提倡為最力。自第一流內閣倒幕，梁既授幣制總裁，張遂授為水利總裁，設全國水利會於京師。其組織法直隸於大總統，設總裁副總裁各一人，視察僉事主事、技正技士、辦事員各若干人，掌理全國水利，並沿岸墾闢事務。說者謂袁政府特設之署局，皆意主因以借款，此則因導淮借款而設也。然外債盡用之稱帝，及國內用兵，導淮議遂虛懸。總裁則早已南下回籍，自營實業。初尚以副總裁代行職權，已而副亦無人，然各省水利協會均各存在，測量墾地，尚在進行，水利局或終有轉運之一日乎？

局初成立，元首交議事件，則奉天遼河柳河，直隸永定諸河之修治，然需費皆不資，故某副總裁即建議大借款治水，而令其門人某至奉視察。日本某報，遽登載奉天治河借款，當先盡日本，且工程及墾務亦當聘日員經理。省吏大駭，促某速反京，副總裁貿然言之項城，謂奉地方官，不應逐客，而奉吏又謂某招搖冀私借日款，雖敷衍息事，而直隸河工局亦成立，屬之內務部，自是水利局視察，鮮有外行者。又僉事某，師範生也，以與耆老有舊，得任是職，自以兼理墾辟必饒權利，遂化名立一湖田墾闢公司，以其戚某為幹事，將從事招股矣，以為私藉公力必進行無礙，而農商部謂與墾荒公司註冊手續未符。適導淮借款議寢，中央無心及此。水利局大裁員，某亦在內，事竟消滅，而民國官吏，恒倚仗官力以營農商業，往往致富，宜某興弋人之慕矣。

四十一、幣制處

幣制處何為而設，袁慰庭特為位置梁卓如計也。溯遠因於戊戌二人本深仇，然華夏光復，梁不能不歸國，而為民黨所醜詆，勢不得不托庇於袁。於是結共和黨，以主持中央集權，示與國民黨立異。袁未必不知其意，而可藉以排除孫黃諸人，從此乘仇尋好，深相結納，熊秉三組織第一流內閣，梁為國務員。閣倒連帶辭職，袁乃設是處以處之，特任為總裁，其名則司改良幣制。然幣制改否，付之國務會議可矣，安有專設機關之必要？故其時即有改幣借款之說，其議固發於熊秉三。梁熊則一鼻孔出氣者，眾皆知袁之任梁，將賴以借款，而歐戰大作，銀行團無力續借。梁亦自知終不容於項城，遂去之津門，以著述自娛。是時雖有總裁之名，而幣制處已無形渙散矣。

當梁為總長時，共和黨中人，多任參事司長者，湘粵籍居半。未幾梁去。眾並不安其位，適幣制總裁命下，眾視如稅務鹽政，以為必員多俸優，遂紛紛請辭，仍投梁乞位置。梁初擬處制，亦頗鋪張，而上之袁氏，久不見交院議施行，催之以原稿遺失對，再進，仍無消息。惟飭財部送梁以總裁俸，知旨，故僅設秘書等數員，諸人不得位置者，乃分薦之教育部經界局焉。

曩者幣制之爭，焦點在七錢二分，與一兩二者，長篇大論，殊為可笑。梁初主金本位，洋顧問某謂無財力整頓，任何本位皆不能行。眾俱知其意在借款也，然梁猶愛名譽。若損失主權過巨之借款，所不敢借，故其任總裁時，日本資本家，屢叩其邸，卒不得要領去，其時梁尚主親日也。已而洪憲禍起，任公南下舉義，幣制總裁，遂不復設。近歐戰已定，大借款說復興，周子廙以親美派，靳翼青邀為財政總長，而安福系拒之。近聞將畀以此席，雖幣制改良無望，而周果受任必因此以謀借款，而處中組織，亦必大擴張焉。

四十二、清史館

清史館有前代之實錄、方略、會典事例、國史稿本、可據前事，則少為整齊排比。後事之待編纂者，固寥寥無幾也。趙次珊自奉天都督還朝，不甘野處，自願編修清史以酬故君。袁氏即如其意，以畀之。然趙氏雖起詞林，僅工帖括，著者嘗接其幕僚浙人陳某，謂次老擅長文字，在簡明告示，則其學可想矣。且修清史之難不在乎搜輯編纂，而在持論之公允。蓋民國開基之人物，半勝朝之老吏。趙氏己身，即附載澤以起，而私取奉天財政局帑事，乃徐菊人所彈劾，又釀成四川革命者，則其介弟爾豐，就此數點論，欲無曲筆，已非易易，況對於袁徐馮段諸人哉？然其進行，則較國史館略速，大約及趙氏之身可以蕆事，纂協修等，約分四派，趙之私人若金還葉景葵之流一派也；前清遺老，若沈子倍秦幼衡之流，一派也；旗籍文人若慶博如之流，又一派也；真實學者，若張孟劬之流，亦一派也。第二派以僚友舊誼，第四派賴之以編書；第一派多富人特籍此掛名朝籍；第三派則與趙有連者，蓋慶父嵩昆。曾任黔撫藩，爾巽官知府，賴其薦達也。他可類推。遺老之供此差者，按時支薪，並不到館，亦從未編纂隻字焉。故俗亦稱清史館為養老院，志士羞附之，若葉爾愷、章枝諸人。趙雖堅聘不赴，葉且其婚媾也。

某君供職史館四年，歸告著者曰：「唯張孟劬所纂《后妃傳》，差有史法，他無聞焉。」叩以《德宗本紀》，後半如何，著筆答曰：「一言以敝之，則為袁氏洗刷而已。」某纂修者，狂士也，嘗上書館長，論史裁頗褒貶人物，趙陽嘉納未幾以經費不繼，裁員某與其列焉。

趙為老吏中之最新者，有時著西裝，蹋球打彈，以表示開通，隨從者則其妻妾，與史館事務員。或謂事務員某某皆其戚誼，故出入趙邸，若私室，且時共內眷為麻雀戲。趙所倚重者，則胡軍巡閱使張雨亭。有時張胡與中央齟齬，必賴趙為調停。則館員亦因之生氣勃發，蓋薪俸積欠可發而有寵館長者，且可因此，乞薦入政府焉。

某旗員雖起家甲科，而儉於學，入民國以世伯軒力薦之清史館，初以諮議等掛名職，進而為纂修。任纂大臣傳，頗有錯誤。同事者微諷之，某因欲炫博則附會小說稗史，雜入諸臣傳中，若索額圖、明珠、年羹堯、于成龍、施仕綸等說，部中多有其事蹟，並為纂入趙私事，煩館事，特總大綱，史稿多不寓目，固弗知也。後為汴籍某君所見，乃強某改之，某謂小說不足信，何林琴南為社會所歡迎，而蔡鶴卿且提倡水滸紅樓哉。聞於明珠傳中，戴有其子成德，小說家名之曰賈寶玉云云，悖謬至此，或告者之過與。

四十三、官場百弊補遺

京官例得冰炭敬，沿習已久，各部署辦公室裝置煤爐，則始自清季度支部。垂及今日，交通部乃獨擅其利焉。自九月杪然爐，至次年二月，杪止煤由京綏鐵道運京，不取運費，較之市煤價賤六七成。初則專供部署，繼而凡交通人員私邸皆用是煤，再進則製為煤票，以饋親友。農商部羨之，起而與爭，謂鐵道屬交通，而煤礦則屬本部也。亦復言之有故持之成理，終當有所分潤焉。

往者津浦鐵道租車，係由日本漢森公司承辦。共租篷車二百輛，每日租金四元，以十五年為限，到期該車仍歸漢森公司。然核計車價，每輛價值不過四五千元。購入不過百萬元，而每車每年租金至一千四百四十元，年合二十八萬八千元，十五年需四百三十餘萬元。而車卒不為我有，經手此項者，謂毫無弊端，人其能信之乎？又彰德至石家莊鐵路為京漢津浦兩路間之重要幹線，歷年議案，均主張國有，突有商人曹姓呈請承辦，部竟核准。或者謂曹即曹汝霖，雖無確據，而中有黑幕，則不問可知矣。又京奉路某站長呂姓以侵款撤差，為時未久，忽委充東三省電政，監督其實，呂絕無電政知識。世謂交通部為弊，藪舉上三端可見一斑矣。至其部員而分花紅津貼，光復後，議裁革而次長王姓獨反對，首先領用，眾皆效之，弊遂莫挽。

留學生之獵得無仕者，囊槖既豐，初以交接外人，須以骨董書畫為饋。繼則己亦搜古求珍，若曹妝霖之流，舉自命博士，兼美術家也。故都門古玩字畫，價大增，行賄買官者，有時亦藉力於此焉。此則京官之雅者，降而品題男女優，各奉黨魁撰為側豔之詞，以相誇炫。其在劇館擊掌，高呼如飲狂藥，毫不為怪。又有一輩，則孜孜談利，純然買辦行徑。而外債或資厥力，故其位置恒優。

外官則分發各省之簡，任薦任職，日益擁擠，非奧援與賄賂，則十年不得一差。故昌言運動，絕無忌諱，桂人某錢幹，丞門生也。曾權本省某道尹，既而以簡任職，發浙仗師力而寧波統捐海甯知事。然其人實庸妄，無何錢閣倒，某立撤任，虧公款至四萬。蓋考績報最之法，不行於民國，惟恃金錢勢力。欲知事之盡心民事，顧安可得？又浙人某以名家子，權湖北江甯知事頗愷悌得民。譬而新省長，欲另易私人，竟懸牌調任，上游總司令。吳光新見而不平，力爭於省公署，始暫留任焉。

各省舉行吏治課，以津貼窮員最優等，月可得三十元。凡數試第一者，可得差委，然非有人情及工運動者，亦不得列第一。浙省以首道兼吏治研究所長，其人除探刺督軍、省長好惡以進退屬員外，他無一能，人稱之為泥塑道尹。又有自信絕不能文者，則包人槍，替無論取弗取，月給以數元。此惟新到省者可行，其應槍者，則無聊之酸子也。

浙東某君，素負清望，及為某省政務廳長，碌碌隨人。著者怪而叩之，蹙額對曰：「行政莫要於用人，而今日文官受制軍人。凡所囑託，百勿一拒。而軍界中之占勢力者，又皖北人為最多。其地風氣一人服官，九族皆至蓋始自合肥文忠公時矣。故一督軍署，軍官課員，百餘。彼之親戚，族郎群賢畢至，皆思啖飯於政界。於是省公署，財政廳煙酒公賣局苦矣。不觀參謀長某非巢縣籍耶，今巢人之在本省政界者，儼然乾隆朝之張姚兩姓也。孰從而言治理乎？」余亦為之太息不已。

四十四、官場百弊有引

觀渡閒人

今之人猶古之人也，今之官猶古之官也，然古人為富而仕，今人為貧而仕。為富而仕者欲以官耗其資財，故力圖國利民福，為貧而仕者，欲藉官飽其囊橐，故但知殖黨營私，是其為官也。雖同，而所以為官之志趣，固已判若天壤矣。或謂今人不逮古人，其言豈虛語哉！且諺有「三百六十行，行行有弊」之說，所謂弊者，損人利己之謂也。吾意一般社會之弊竇，強半皆係個人與個人，或一部分與一部分之交涉，是其為弊也。猶小若官僚，則皆享四海之奉，攬無上之權，軍國大事，彼實決之，是其為弊也，足以危害邦本，戕賊兆民，蓋弊之至大且劇者也。鈍公以官場為百弊冠，殆有深意存焉。予也不才，亦嘗為委吏矣，故於官場種種之流弊，知之特詳。然弊端千萬，紛亂如絲不得不藉一人一事為綱領，因而旁及其他，現時在野之巨公徐某，綽號徐矮子者，即暗地操縱時局者也，茲特將此公半生行實告之讀吾文者。雖曰未窺官場內幕之全豹，亦可以見一斑矣。

徐某人也，身長不滿四尺，而狡詐百出，心雄萬夫御下。至為嚴厲，雖至細極微之事，亦必再三審慎，不使在下者稍佔便宜。先哲所謂察及秋毫者，徐氏有焉。顧雖如是，彼對於上官，尤能吮癰舐痔，曲盡恭維之能事，試觀予下述各節，當能信吾言之非妄。

此公出處，言人人殊，有謂彼來自田間者，有謂彼出身商賈者，亦有謂彼祖若父皆曾任閒曹散職者。究竟何者，屬實下走亦難斷定，然此事無關重要，存為疑問可也。今宜述予所應屬之事矣。前此六七年，徐為交通部僉事。職非顯職，然處於承上啟下之地位，佐以徐氏靈活之手腕，故入款至豐。據彼親信人云，爾時徐氏之入款，一歲可數萬金，正當俸金不過十分之一，餘皆來自外間。試叩以生財之道，則不外為交通部所轄機關之人員（如輪船局、郵政局、電報局、鐵路局等類）作居間者，大抵此項人員在差者。遇有舞弊情事，為人所告發，或為上官所察覺，於此而欲保全其位置。或欲求未滅無差者，欲求占一席地，均不啻授與徐氏以絕大索賄之機會。蓋彼自到部以還對於分所，應治之部務，百不縈心，惟以逢迎上官，聯絡同事為唯一宗旨。此無他，不過欲闔部上下之人與彼融如水乳，因以遂其居間之事耳。彼具是魔力，遂爾隨心所欲，無所不能，故對於一般待罪之人員，得賄則以事出有因，查無實據等字樣為之開脫。否則加以似此如何如何（即貪污枉法之類），若不從嚴懲辦何以警既往而勸來茲等字樣。使受重創又雖在平時亦嘗向各該局所私索月費，苟或不予，則遇事百般挑剔，雖呈文字中略有一二，省筆或挖補或措辭微欠斟酌，亦必慫恿，上官加以申斥。人慮其從中敗事，亦唯有出錢買安耳，彼既藉是術，以羅致金錢，更藉金錢之能力以保其位。置每月除酬應費家用外，餘錢悉以供揮霍。緣是八大胡同間（京師官娼聚居處），無日不見此公之足跡，偎紅倚翠，選色徵歌，為樂固未有艾，而樂極生悲，竟因狎妓餘波，致使毒瘡遍體。如是矮子先生遂得大瘡僉事之徽號，其後居間事發，某總長欲科其罪，矮子急懇權要羊某，力為緩頰，始得以撤差了事。未幾為京東某縣知事，下車伊始，首發嚴禁賭博之佈告，然而知事公署中固無日不叉麻雀也。讀者試思以如此狡滑無賴之官僚，安有不刮地皮者？故到任未及朞年，復以貪墨解職，攜眷返都門，賃住椿樹頭條（街名）某號宅。其妾寶珍蘇產也，曩年曾在韓家潭賣淫，故京人多識之者，內務部次長吳某即為彼舊時狎客之一，偶相值於公園或劇場，輒復笑與攀談，冀重溫其向日墮歡之舊夢。寶珍慮徐氏知，而見責勉答三數語輒逃。然次長續舊之心，猶未已也，或有以此中事告徐者。徐聞而大喜，謂此事果確，吾又且慶彈冠矣。或誤解其語意，胡盧而去。徐入問寶珍曰：「聞汝識內務部吳次長，信耶？」寶珍慚懼不能答，徐笑慰曰：「卿毋爾，卿果與渠有舊，吾尚有求於卿。」因附耳授以方略，寶珍笑頷之。他日遇次長，急以笑頷迎之，遂偕往某飯店，夜午始散，自是時作幽會，情好甚密。有時且邀吳至家，背人作團圓夢。吳既習慣，自然遂亦視為常事。一夕復往正歡笑間，一侏儒忽破門入，蓋即徐矮子也。吳與寶珍皆失色，矮子暴怒如獅，叱臧獲捉將官裡去。吳急哀免，言願以千金為壽。徐怒視吳面，佯作駭狀曰：「我謂伊誰，乃次長耶！」立揮臧獲出屈一膝曰：「適間冒瀆，乞原宥小妾獲事，次長幸莫大焉，如不見棄，即以奉贈，何如？」吳喜出望外，顧慮其詐，弗敢應。矮子疾聲曰：「公毋猶豫，徐某不食言也。」即呼臧獲治，夜夜海錯山珍，咄嗟立辦。徐肅吳就坐，已與寶珍坐於側，履襪交錯。主客盡歡，撤席後，徐即為吳道晚安，反扃其門而出。吳心雖駭愕，顧無如何，遂安之。翌晨赧然興辭，徐詢以藏嬌何許。吳不能答。固問之始囁嚅曰：「僕寓西四牌樓某號宅。」徐笑頷之，比夕竟以馬車送妾往吳內。不自安，遂以某處道尹，兼海關監督酬之矮子。如是乎大得其所。緣該關既屬名關，其道亦非小道。他人欲求其一不可得，矮子兼而有之，是安有不發財者？彼初視事時，亦復猶人惟於歲杪使用一種特殊之手續，籠絡關署人員，使為己盡力，聚斂。其法係於夜靜無人時，密呼一司員至袖出朱提授之曰：「歲聿雲暮，雨雪飄搖，吾知君無力度歲，敬以此數奉贈，不足為外人道也。」此司員感謝去，另招一司員至，仍以前法待之。如此者數夜，署中當事人員已無一不墮矮子術中矣。在各該司員之意，以為監督獨厚於己，已不可無以報之。如是徵稅防維，無所不盡其力，既無偷漏之虞，更無以多報少之弊。以故每值月晦結算稅資時，往往較其他監督，任內多至數倍。比較固極其優異監督之腰纏，亦已盈滿。諺云：「名利雙收。」正矮子此時之謂矣，矮子既富，不復安於下位，如是輩金入都，日周旋於奚某。梁某、羊某、王某（按皆項城幸臣）之左右，婢膝奴顏，無所不至。未幾遂拜某省巡按使之命，一行作吏，九族尊榮。緣是矮公起節時，乃有五虎將隨往。五虎將者，即郭宏勳、黃格庵、王大海、麻繩武、徐孝候也。矮子蒞任後，以郭為警備隊總司令，黃為財政廳長，王為實業廳長，麻為秘書長，徐為第一科長。之五人者，胥為矮公之義弟，正當學問，僅得皮毛，吹拍工夫，乃造峰極渠輩。與矮公聯為昆季，詢可謂難兄難弟也。吾前不云矮公之為人精明強幹，事必躬親，不使在下者得便宜耶。今試舉一事證之：渠自京師起程時，奚梁羊王諸公各以親友之名條交矮有三五人者，亦有八九人或十數人者，約而計之，無慮百數，就中以縣知事，為最多。餘則軍界人物，亦間有為小司事長隨者。矮公蒞任之始，一時無從位置，因派員巡視各縣，名為考查縣治，實則吹毛求疵，冀消納其夾袋中所藏人物。是固官場中恒有之事不足為矮公責者，惟此項巡視，委員舟車一切之費用，例應出自公家。矮公慮委員藉此浮冒開支，因定一特別限制，凡委員所有支出之款項，概以得有蓋章之收據為憑，否則不生效，力以理論之。此等手續誠為公允辦法，然實際決難做到，例如出坐舟車付款時，但能易得舟車之客票，並無所謂蓋章收據者，且此舟車客票，乘坐後亦為收票人收去，決不能留為客人用款之證據。又如僕夫搬運什物，例應與以工資，此輩苦力畢主未見名章之形影。欲彼於收款時出一蓋章收據，恕天下無此辦法（餘事可以類推）。今矮公竟定如此之限制，名為重視國帑，實無異逼令委員貼錢辦事。獨不思如此辦法，為委員者果為潔身自好之士，則必不能奉命。反是則於沿途索賄於各縣，正不患不得大宗之入款，又何恤於區區旅費哉？矮公生平治事，類於此者極多。此特舉其一耳。某月某日，矮公方與王大海共坐閒話，忽有一臧獲倉皇入白，謂主母新自北京來，暫住於某某街某旅館，乞主公著人迓之。矮公怒叱曰：「蠢奴無目，主母現在內室，又安有所謂主母者，此必女流氓招搖撞騙，可令員警廳派警驅之。」臧獲諾而退。徐私謂王曰：「渠意為誰，吾思必香妃也。」大海搖首曰：「香妃與幼箏情好甚密，恐未必念及我公，今來此間者，必為阿翠無疑。」矮公疾聲曰：「豈謂天橋（北京地名）唱大鼓之賽寶翠耶？」大海微頷曰：「想當然耳！」徐愈駭曰：「此女頗不易與，且為奈何？」言至此又一臧獲入白，謂夫人在棧發怒，果主公更不遣人往迓者，彼即乘肩輿來，與主公理論矣。矮公駭極欲泣，大海笑云：「公勿懼，公但不惜鉅款，弟能為公遣之。」徐問幾何，大海曰：「萬金足矣。」徐有難色，大海作沉思狀，伸五指示徐曰：「然則公給此數，再少則弟亦難為力矣。」矮公無語，立給五千元支票，命往財政廳支錢，大海欣然領命去。徐心仍戚戚，誠恐賽寶翠不允，則來日大難。正不知作何了局也，明日大海來言寶翠怨公薄情且給資少，故憤不能平，經弟百計勸導，頃已安然北返矣。徐聞而大喜，厥狀如釋重負，此渠居官時之政績也。而與彼相依為命，助桀為虐之五虎將，亦各有其特殊之政績，足為我人作文之材料。但限於篇幅，實不能一一詳載耳，憶徐視事，匝月之。一日宴僚屬於公署，五虎將咸在座中。酒酣，座客縱談往事，以為樂有言，及軍事者，黃（格庵）因盛稱某少將（時為該省軍署參謀長兼任清鄉司令）功績，謂渠曾以五百人破匪巢數處，歸時馬項懸人頭數十，胥為積匪首級，雖古之飛將軍恐亦無以過之。言時睨郭（宏勛）微笑，意似藐之。蓋黃與郭固莫逆，時因爭狎一妓，遂如水火，勢不相入。爰當大庭廣眾中，□談某少將事，譽某即所以諷郭也。郭揣知其意因大言曰：「此何足異，曩吾以七千兵守潯陽，戇軍十數萬始終不敢犯境，此豈某少將夢想所能及耶？」麻（繩武）向無酒德，醉後恒不擇言，因笑謂曰：「然微將軍（郭系中將故麻以將軍稱之）鎮守潯陽，袁項城雖欲稱帝，不可得也。」座客皆大笑，郭不能堪，因怒叱曰：「腐儒安敢嘲我，豈謂吾劍鋒不利，不能斬汝頭耶？」言次旋以熊掌拍然有聲，麻痛且恚急以酒瓶，投之，郭頭觸瓶，竟釀出極□之紅酒，痛恨之餘，欲以手搶報復，群客勸阻，均無效。公慮將肇禍，厲聲呼喝曰：「汝二人欲造反耶？須知吾為省長，有約束群僚之權，決弗聽汝曹滋鬧。即論私誼，吾為汝曹之兄，亦有干涉之必要，今宜聽吾言，安坐暢飲，敢再違抗者，吾當命人縛之。」郭麻無奈，勉強終席而散。讀者當知之數人者，皆一時有名人物，或為行政長官，咸為統兵將帥，今竟在席間，演出如許怪劇，則其平時之政績，當然不問可知。吾書至此，雖欲言不忍言矣噫。

Do歷史14　PC0414

貪官腐事年年有，民初北洋特別多

──《民國政史拾遺》與《民國十年官場腐敗史》合刊

作　　者／劉以芬、費行簡
主　　編／蔡登山
責任編輯／黃大奎
圖文排版／高玉菁
封面設計／蔡瑋筠

出版策劃／獨立作家
發 行 人／宋政坤
法律顧問／毛國樑　律師
製作發行／秀威資訊科技股份有限公司
地址：114 台北市內湖區瑞光路76巷65號1樓
電話：+886-2-2796-3638　傳真：+886-2-2796-1377
服務信箱：service@showwe.com.tw
展售門市／國家書店【松江門市】
地址：104 台北市中山區松江路209號1樓
電話：+886-2-2518-0207　傳真：+886-2-2518-0778
網路訂購／秀威網路書店：https://store.showwe.tw
國家網路書店：https://www.govbooks.com.tw

出版日期／2014年11月　BOD一版　**定價**／320元

|獨立|作家|
Independent Author
寫自己的故事，唱自己的歌

貪官腐事年年有, 民初北洋特別多 :《民國政史拾遺》與《民國十年官場腐敗史》合刊 / 劉以芬, 費行簡著 -- 一版. -- 臺北市 : 獨立作家, 2014.11
面 ; 公分. -- (Do歷史 ; PC0414)
BOD版
ISBN 978-986-5729-38-7 (平裝)

1. 民國史 2. 北洋政府 3. 史料

628 103018568

國家圖書館出版品預行編目

讀者回函卡

感謝您購買本書，為提升服務品質，請填妥以下資料，將讀者回函卡直接寄回或傳真本公司，收到您的寶貴意見後，我們會收藏記錄及檢討，謝謝！如您需要了解本公司最新出版書目、購書優惠或企劃活動，歡迎您上網查詢或下載相關資料：http:// www.showwe.com.tw

您購買的書名：＿＿＿＿＿＿＿＿＿＿＿＿＿＿＿＿＿＿

出生日期：＿＿＿＿年＿＿＿＿月＿＿＿＿日

學歷：□高中（含）以下　□大專　□研究所（含）以上

職業：□製造業　□金融業　□資訊業　□軍警　□傳播業　□自由業

□服務業　□公務員　□教職　□學生　□家管　□其它＿＿＿

購書地點：□網路書店　□實體書店　□書展　□郵購　□贈閱　□其他

您從何得知本書的消息？

□網路書店　□實體書店　□網路搜尋　□電子報　□書訊　□雜誌

□傳播媒體　□親友推薦　□網站推薦　□部落格　□其他＿＿＿＿

您對本書的評價：（請填代號　1.非常滿意　2.滿意　3.尚可　4.再改進）

封面設計＿＿　版面編排＿＿　內容＿＿　文／譯筆＿＿　價格＿＿

讀完書後您覺得：

□很有收穫　□有收穫　□收穫不多　□沒收穫

對我們的建議：＿＿＿＿＿＿＿＿＿＿＿＿＿＿＿＿＿＿

＿＿＿＿＿＿＿＿＿＿＿＿＿＿＿＿＿＿＿＿＿＿＿＿

＿＿＿＿＿＿＿＿＿＿＿＿＿＿＿＿＿＿＿＿＿＿＿＿

＿＿＿＿＿＿＿＿＿＿＿＿＿＿＿＿＿＿＿＿＿＿＿＿

請貼
郵票

11466
台北市內湖區瑞光路 76 巷 65 號 1 樓
獨立作家讀者服務部 收

（請沿線對折寄回，謝謝！）

姓　　名：＿＿＿＿＿＿＿＿　年齡：＿＿＿＿　性別：□女　□男

郵遞區號：□□□□□

地　　址：＿＿＿＿＿＿＿＿＿＿＿＿＿＿＿＿

聯絡電話：(日)＿＿＿＿＿＿＿＿ (夜)＿＿＿＿＿＿＿＿

E-mail：＿＿＿＿＿＿＿＿＿＿＿＿＿＿＿＿